Ein Personalchef packt aus:

worauf es bei Bewerbung, Lebenslauf und Vorstellungsgespräch wirklich ankommt

– Der Ratgeber für die perfekte Bewerbung –

Der kompakte und vollständige Bewerbungsratgeber mit den besten Insider-Tipps und praxiserprobten Vorlagen für Lebenslauf und Bewerbungsschreiben.

Der Bewerbungscoach

Mail: info@bewerbungscoach.org

Homepage: www.bewerbungscoach.org

Hinweis

In diesem Buch wird aufgrund der besseren Lesbarkeit verallgemeinernd das generische Maskulinum verwendet. Alle Formulierungen umfassen gleichermaßen weibliche und männliche Personen; damit sind selbstverständlich alle Personen gleichberechtigt angesprochen.

Disclaimer und Haftungsausschluss:

In diesem Ratgeber werden verschiedene Vorlagen für Bewerbungsanschreiben, Lebenslauf und Deckblatt angeboten. Dieser Ratgeber bietet jedoch keine Garantie auf Erfolg. Die Beispielvorlagen dienen ausschließlich zur Veranschaulichung. Es wird nicht empfohlen, diese wörtlich zu übernehmen. Es kann daher auch keine Haftung im Falle einer gescheiterten Bewerbung übernommen werden. Alle Inhalte dieses Ratgebers wurden sorgfältig erstellt, dennoch kann für die Richtigkeit, Vollständigkeit und Aktualität der Inhalte keine Gewähr übernommen werden. Haftungsansprüche gegen den Autoren, welche sich auf Schäden materieller oder ideeller Art beziehen, die durch die Nutzung oder Nichtnutzung der dargebotenen Informationen bzw. durch die Nutzung fehlerhafter oder unvollständiger Informationen verursacht wurden, sind grundsätzlich ausgeschlossen, wenn seitens des Autors kein nachweislich vorsätzliches oder grob fahrlässiges Verschulden vorliegt.

Inhalt

Vorwort

Zunächst möchte ich dir herzlich zum Kauf dieses Buchs gratulieren. Warum? Ganz einfach: wenn du dieses Buch gekauft hast, legst du den ersten Grundstein dafür, eine erfolgreiche Bewerbung zu formulieren und letztlich deinen Traumjob zu bekommen. Es kann nämlich der entscheidende Vorteil für dich sein, dich von der Masse abzuheben. Mit diesem Ratgeber kann ich dir natürlich nicht garantieren, dass du genau den Job bekommst, den du haben möchtest. Denn dafür sind Entscheidungen zu subjektiv. Aber aus meiner jahrelangen Erfahrung als Personalentscheider kann ich dir sagen, was eine sehr gute Bewerbung wirklich ausmacht und worauf Personaler aus großen und mittelständischen Unternehmen im Vorstellungsgespräch achten. **Diese Erfahrungen möchte ich gern mit dir teilen**. Und eins kann ich dir versprechen: wenn du dich intensiv mit deinem Lebenslauf, deinen Kenntnissen und Fähigkeiten auseinandersetzt und den Willen hast, darauf hinzuarbeiten, deinen Traumjob zu finden, ist das Buch genau das Richtige für dich. Meine Mission ist es, möglichst vielen Menschen ein glückliches Leben zu ermöglichen. Denn machen wir uns nichts vor, wir verbringen ein Großteil des Tages auf der Arbeit. Umso wichtiger ist es, ein tolles Umfeld mit netten Kollegen und erstklassigen Konditionen zu haben. Ich mache es ganz einfach: ich öffne für dich sozusagen die Motorhaube und zeige dir, wie du erfolgreiche Bewerbungen formulierst und wie du Vorstellungsgespräche in Jobangebote verwandeln kannst. Bei den Vorlagen handelt es sich um Texte, die meine Coaching-Kunden für Bewerbungen verwendet haben, um ihre Traumjobs zu bekommen. Auf den folgenden Seiten wirst du etliche, teilweise sehr simple Methoden entdecken, die aber gleichzeitig unglaublich effektiv sind. Denn genau das möchte ich dir mitgeben: 1:1 umsetzbare Strategien mit klarer Struktur, sodass du sofort loslegen kannst.

Nun aber genug zum Vorwort. Ich habe dir ein Praxisbuch versprochen und das sollst du auch bekommen. In diesem Buch wirst du jede Menge sofort umsetzbarer Tipps und Tricks finden, die hoffentlich den entscheidenden Unterschied für dich machen.

Ich habe nur eine Bitte für dich: sieh dieses Buch nicht als gelegentliche Abendlektüre, sondern verwende es als Praxis-Arbeitsbuch und setze das, was du liest, am besten direkt für dich um.

Also, viel Spaß beim Lesen und viel Erfolg!

Mein Geschenk an dich

Bitte scanne den folgenden QR-Code mit deinem Smartphone, um dein Begrüßungsvideo anzusehen und darüber hinaus ein wertvolles Geschenk für deine Bewerbung zu erhalten, damit du direkt durchstarten kannst!

Grundlagen - Allgemeine Tipps

Wenn du diesen Ratgeber liest, bist du aller Wahrscheinlichkeit nach auf der Suche nach deinem Traumjob. Dabei möchte ich dich unterstützen. Egal, ob du gerade einen frischen Abschluss gemacht hast oder bereits berufserfahren bist und nach einer neuen und besseren Herausforderung für dein berufliches Leben suchst - die folgenden Tipps sind universal anwendbar, da es letztlich immer darum geht, andere Menschen von den eigenen Kenntnissen und Kompetenzen zu überzeugen. Zweifelsohne kann es hilfreich sein, bereits etwas Berufserfahrung in dem angestrebten Job zu haben und eine einschlägige Ausbildung mitzubringen. Allerdings ist das ohnehin nur der allererste Schritt, um überhaupt eine Einladung zu einem Vorstellungsgespräch zu erhalten. Mit ein paar Kniffen kann jeder Lebenslauf etwas aufgewertet werden. Wichtig ist natürlich, dass man nicht von der Wahrheit abweicht und nur das angibt, was man wirklich kann. Man kann aber in vielen Aufgaben auch Dinge finden, die für den Wunschjob relevant sind.

Wenn man beispielsweise als Quereinsteiger in einen Job wechseln möchte, der Erfahrung im Umgang mit Kunden voraussetzt, sollte man sich überlegen, ob es in vorherigen Jobs bereits Überschneidungen gegeben hat. Wenn ich keine externen Kunden vorweisen kann, habe ich mich vielleicht als interner Dienstleister um interne Kunden (Personal, Abrechnung, ...) gekümmert. Das ist ein gutes Beispiel dafür, dass man durchaus auch argumentieren kann, bereits Erfahrung mit Kunden zu haben. Von diesen Beispielen gibt es etliche und daher solltest du dir bei Bewerbungsanschreiben immer überlegen, welche Kompetenzen du vielleicht schon anbieten kannst.

Letztlich geht es im ersten Schritt immer darum, Interesse zu signalisieren und gleichzeitig interessant zu sein. Im Folgenden möchte ich dir ein paar grundsätzliche Informationen geben, bevor wir detaillierter in das Bewerbungsschreiben und den Lebenslauf einsteigen.

Personalerhack #1: Aufmerksamkeit zahlt sich aus:

Wenn du eine Stellenanzeige findest, die dir zusagt, solltest du den Text zunächst erstmal aufmerksam lesen und gedanklich durchgehen, ob die geforderten Fähigkeiten und Kenntnisse zu dir passen und dich auch interessieren. Wenn du feststellst, dass der Job in vielerlei Hinsicht dem entspricht, was du gern machen möchtest, solltest du dir ein paar clevere Fragen notieren und diese Fragen vorab in einem persönlichen Telefonat abfragen. Viele Unternehmen bekommen auf beliebte Stellenanzeigen oft mehrere hundert Bewerbungen und daher gilt es auch hier, sich von der Masse abzusetzen und einen ersten positiven Eindruck zu schaffen. Denn die meisten Kandidaten formulieren per Copy und Paste standardisierte Anschreiben, die sie dann an möglichst viele Unternehmen raussenden. Es liegt in der Natur der Sache, dass Recruiter daher diejenigen Kandidaten bevorzugen, die ein echtes Interesse an dem Unternehmen signalisieren.

Wie gelingt das? Ganz einfach: indem du bereits vor der eigentlichen Bewerbung signalisierst, dass es sich bei dir um einen interessanten Kandidaten handelt. Die meisten Unternehmen geben konkrete Ansprechpartner an, mit denen man sich in Verbindung setzen kann, um Fragen zu klären. Diese Möglichkeit wird aber von den allermeisten Interessenten gar nicht genutzt. Insofern solltest du in jedem Fall schon hier positiv hervorstechen und zum Telefonhörer greifen.

Das Erstgespräch am Telefon: so weckst du das Interesse an deiner Person

Der Grund, warum du ein Telefonat führen solltest, ist simpel: nach dem Telefonat sollte der Unternehmensvertreter ein positives erstes Bild von dir bekommen und dich interessant genug finden, um dir eine Chance im Vorstellungsgespräch zu geben. Denn auf viele hundert Bewerbungen werden oft nur 4-5 Vorstellungstermine vergeben und auch mit einem interessanten Lebenslauf kann es unter Umständen schwierig sein, überhaupt berücksichtigt zu werden. Dementsprechend ist es in jedem Fall ratsam, schon vor der Entscheidung, welche Kandidaten überhaupt eingeladen werden, einen positiven Eindruck zu hinterlassen.

Für dich bedeutet das ganz konkret: notiere clevere (!) Fragen, die dem Gegenüber zeigen, dass du dich mit echtem Interesse mit der Position auseinandergesetzt hast. Wichtig ist, hier nicht einfach etwas abzufragen, was aus der Stellenbeschreibung gelesen werden kann. Vielmehr geht es darum, ein erstes Verständnis für die Tätigkeiten zu zeigen und tiefergehende Fragen zu stellen. Der Personaler auf der anderen Seite sollte sich denken "Dieser Kandidat hat sich anscheinend wirklich mit der Anzeige beschäftigt und stellt gute Fragen". Wenn du schaffst, das auszulösen, ist die Einladung zum Bewerbungsgespräch nur noch reine Formalität (sofern natürlich auch dein Anschreiben sowie Lebenslauf interessant genug sind).

Was also solltest du im Telefonat sagen, um einen ersten positiven Eindruck zu machen? Fest steht: halte dich kurz und verschwende nicht die Zeit des Gegenübers. Stell dich in einem kurzen Satz vor, teile dem Personaler mit, warum du anrufst, frage ob er oder sie einen Moment Zeit für deine Fragen hat und stell diese ohne Umschweife. In jedem Fall solltest du dich höflich, freundlich und sympathisch zeigen.

Vorbereitung

Auch beim Telefonieren zählt der Ersteindruck. Wenn der erste Satz nicht sitzt, könnte der Gegenüber einen schlechten Eindruck gewinnen, der auch im Laufe des Gesprächs nur bedingt verbessert werden kann.

Telefontipp Nr. 1: Lächeln!

Wissenschaftler haben nachgewiesen, dass sich ein Lächeln positiv auf die Stimme auswirkt.

Auch wenn du dir vielleicht dumm dabei vorkommst, solltest du in jedem Fall versuchen, einen freundlichen Gesichtsausdruck beim Telefonieren zu haben. Denn dein Gegenüber kann sofort feststellen, welche Stimmung du gerade hast. Wenn du eine positive Grundhaltung hast, wirkt sich das positiv auf deine Stimme aus.

Telefontipp Nr. 2: Nenn deinen Gesprächspartner beim Namen

Wenn du dein Gegenüber persönlich ansprichst, fühlt er/sie sich gewertschätzt. Daher solltest du versuchen, den Namen zu erwähnen, ohne es damit zu übertreiben. Es bietet sich in der Regel der Anfang sowie das Ende des Gesprächs an. Genauso wichtig ist, dass du deinen Namen klar und deutlich nennst, damit sich dein Gesprächspartner an dich erinnern kann.

Telefontipp Nr. 3: authentisches Auftreten

Genauso wie die Körpersprache (das Lächeln) wahrgenommen werden kann, so schätzt dein Gegenüber auch deine Stimme ein. Trete überzeugend und vor allem authentisch auf, ohne dich zu verstellen. Wenn du dich verstellst, wird dein Gesprächspartner das sehr schnell mitbekommen. Daher solltest du auf gar keinen Fall Sätze vorformulieren, die du abliest. Was allerdings sinnvoll ist, sind Stichpunkte, an denen du dich entlanghangeln kannst. Mehr dazu im nächsten Tipp.

Telefontipp Nr. 4: Mit Stichpunkten den roten Faden behalten

Um den Überblick zu behalten und im "Eifer des Gefechts" die richtigen Fragen zu stellen, kannst du dir durchaus Stichpunkte notieren, die du dann gedanklich abhaken kannst. Hier könntest du beispielsweise Dinge verwenden wie: Lächeln, persönliche Begrüßung, Einleitung, Frage 1, Frage 2, Abschied. Vermeide aber bitte unbedingt, etwas abzulesen.

Telefontipp Nr. 5: Entspann dich

Letztlich ist wichtig, dass du dich als souveränen Gesprächspartner präsentierst und nicht zu aufgeregt bist. Warum auch? Am Ende der Leitung sitzt ein Mensch, der die gleichen Freuden, Sorgen und Ängste hat wie du. Nur weil diese Person ein Unternehmen repräsentiert, ist er oder sie dir nicht überlegen. Das ist wichtig und solltest du immer im Hinterkopf behalten. Stell dir lieber vor, dass es ein potenzieller Kollege ist, den du anrufst. Sei herzlich und freundlich und geh positiv in das Gespräch. Auch wenn es letztlich nicht gut läuft, hast du im Zweifel vielleicht ein nettes Gespräch geführt.

Telefontipp Nr. 6: Stelle gezielte Fragen

Wie bereits angesprochen, solltest du das Gespräch für dich vorab schon klar strukturieren und wissen, was genau du eigentlich bezwecken möchtest. Hier sind ein paar Beispielfragen, die du stellen kannst:

- Was sind tägliche Herausforderungen?
- Stehen aktuell oder in absehbarer Zeit Projekte an, die du übernehmen kannst?
- Welche Erwartungen werden an die Position gestellt?
- Gibt es eine Eigenschaft, die man mitbringen sollte, um die Position bestmöglich zu besetzen?
- Wird die Position neu geschaffen?
- Wie ist die Einarbeitung geplant?

Beschränke dich in jedem Fall auf 3-4 Fragen,

damit du deinem Gegenüber nicht das Gefühl gibst, dass du ihm oder ihr Zeit rauben willst. Nachdem du die Fragen gestellt hast, solltest du dich kurz und knapp verabschieden.

Damit du einen besseren Eindruck bekommst, wie ein erfolgreiches Gespräch aussehen kann, findest du hier ein Beispiel:

Einleitung: "Guten Tag Frau/Herr Müller, mein Name ist Max Mustermann. Ich rufe Sie an, da ich Ihre sehr interessante Stellenanzeige als Kundendienstmitarbeiter gesehen habe. Die Position entspricht in vielerlei Hinsicht dem, was ich gern machen möchte und daher habe ich noch 1-2 Fragen, die ich Ihnen gern stellen möchte. Haben Sie einen Moment Zeit für mich?"

Falls der Personaler mit "Ja" antwortet: Super - und zwar würde mich interessieren: Frage 1, Frage 2. Falls er/sie mit "nein" antwortet, solltest du fragen, wann er/sie Zeit hat, damit du deine kurzen Fragen stellen kannst.

Nach den Fragen kannst du so ähnlich abschließen: "Herzlichen Dank, dass Sie sich die Zeit für die Beantwortung meiner Fragen genommen haben, Herr/Frau Müller. Das hört sich nach wie vor sehr interessant an. Ich werde meine

Bewerbung in Kürze abschicken und freue mich schon sehr auf Ihre Rückmeldung."

Im besten Fall erzielst du mit dem Telefonat, dass dein Gesprächspartner als interessierten und interessanten Kandidaten wahrnimmt, den er im Vorstellungsgespräch gern kennen lernen möchte. Ein weiterer Vorteil des Vorab-Telefonats ist, dass du deinen Ansprechpartner im Bewerbungsanschreiben nun persönlich mit dem Einleitungssatz "... wie telefonisch am 10. November besprochen, sende ich Ihnen meine Bewerbungsunterlagen zu." Mehr dazu im nächsten Kapitel.

Das Bewerbungsanschreiben: so sieht das perfekte Anschreiben aus

Wenn du meiner Empfehlung aus dem vorherigen Kapitel gefolgt bist und bereits ein erfolgreiches Telefonat geführt hast, hast du bereits einen Fuß in der Tür. Solltest du das nicht machen wollen oder können (nicht jedes Unternehmen gibt konkrete Ansprechpartner an, mit denen man sich in Verbindung setzen kann), ist das kein Weltuntergang. Denn letztlich entscheidend für eine Einladung zum Vorstellungsgespräch ist noch immer deine Bewerbung. Es stellt somit die erste Hürde dar und um wahrgenommen zu werden, musst du aus der Masse der Bewerber herausstechen. In diesem Kapitel möchte ich dir zeigen, wie dir das gelingen kann. Diese Vorlagen dienen allerdings nur der Veranschaulichung und sollten unter keinen Umständen so wortwörtlich übernommen werden.

Das Anschreiben ist grundsätzlich als Motivationsanschreiben zu sehen. Hier hast du die Möglichkeit, für dich zu werben, indem du im Grunde genommen folgende Dinge darstellst:

Warum bewirbst du dich auf diese Position?

Was zeichnet dich aus und warum bist du der/die Richtige für den Job? Welchen Mehrwert kannst du dem Unternehmen bieten, wenn sie sich für dich entscheiden?

Warum möchtest du die Position in diesem Unternehmen wahrnehmen? Was zeichnet das Unternehmen aus?

Nur interessante Bewerbungen werden berücksichtigt

Klassische Bewerbungen, die in etwa so

beginnen: „hiermit bewerbe ich mich auf die von Ihnen ausgeschriebene Position als Kundendienstmitarbeiter“ landen in der Regel direkt im Papierkorb. Wenn deine Bewerbung nicht besonders und interessant wirkt, muss der Rest schon zu 100% passen, denn die Konkurrenz schläft nicht und Personaler sind regelrecht genervt von einheitlichen Anschreiben, die sich alle gleich lesen. Zunächst springt natürlich das Design deiner Bewerbungsunterlagen ins Auge. Entscheidend sind aber vor allem die ersten Zeilen deines Anschreibens. Mache hier den entscheidenden Unterschied und wecke Neugierde. Damit dir das gelingt, solltest du dich im besten Fall einfach mal in die Lage eines Personalers/Recruiters versetzen. Auf viele Positionen kommen teilweise mehrere hundert Bewerbungen, über die zeitnah entschieden werden muss. Es bleibt gar keine andere Möglichkeit als die Bewerbung zunächst oberflächlich zu scannen (Personaler sprechen auch von Screening). Dazu zählt in der Regel der erste Absatz und sogenannte Keywords im restlichen Anschreiben. Der erste Satz deines Anschreibens muss spannend genug sein, dass man mit Neugier weiterliest. Um das zu erreichen, musst du umdenken und kreativ sein. Der Personaler muss den Eindruck bekommen, dass er etwas verpasst, wenn er dich als Kandidaten nicht weiter berücksichtigt. Es geht hier nicht darum, einfach irgendwas zu schreiben, das polarisiert und mit etwas Glück die Neugierde weckt. Du musst auch nicht das Rad neu erfinden. Vielmehr geht es darum, der Bewerbung eine persönliche Note zu verpassen.

Aber eins nach dem anderen. Starten wir zunächst mit den **Formalien:**

Format: DIN A4

Die Länge des Anschreibens sollte eine Seite auf keinen Fall überschreiten. Halte dich kurz mit deinen Ausführungen und kürze, falls nötig

Schriftart: Arial, Calibri, Helvetica oder Times New Roman.

Schriftgröße: 11 bis 12

Schriftfarbe: schwarz oder dunkles anthrazit

Formatierung: Blocksatz

Zeilenabstand: 1,2 bis 1,5

Seitenränder: links und rechts jeweils 2 cm

<u>Reihenfolge</u>:

Deckblatt, Anschreiben, Lebenslauf, Zeugnisse.

Bei Bewerbungen per **E-Mail** bitte berücksichtigen:

Keine Datei als Word-Datei (*.doc/docx) versenden, sondern immer als PDF abspeichern. Die Dateien können dann entweder gemeinsam als eine PDF („Bewerbungspaket") oder als eigenes Dokument gespeichert werden (Zeugnisse bitte in eine Datei zusammenfügen).

Der Aufbau eines Bewerbungsanschreibens

Im gesamten Bewerbungsanschreiben geht es im Grunde darum, dem Unternehmen aufzuzeigen, dass du eine qualifizierte Person bist, die dem Unternehmen einen echten Mehrwert bietet. Einschlägige Qualifikationen wie Schul- oder Uniabschlüsse sind natürlich hilfreich, aber es gibt in der Regel viele Bewerber, die ähnliches vorweisen können. Daher gilt es in jedem Fall, deine besondere Eignung besonders hervorzuheben. Um das zu erreichen, solltest du die Anzeige sehr aufmerksam durchlesen. Denn die meisten Unternehmen geben sehr genau vor, welche Tätigkeiten dich erwarten und welche Kompetenzen gefragt sind. Nimm auf jeden Fall Bezug auf die gefragten Fähigkeiten und belege sie mit Beispielen. Denn das bloße

Erwähnen wirkt nicht besonders überzeugend. Wenn du allerdings aufführst, dass du dein Organisationstalent in einer speziellen Tätigkeit unter Beweis stellen konntest, macht es die ganze Aussage um einiges glaubwürdiger. Zu konkreten Beispielen kommen wir gleich im Anschluss.

Vor dem Schreiben der Bewerbung: Es ist wichtig, mit dem richtigen Mindset an eine Bewerbung zu gehen. Wie auch im Telefonat, solltest du dich zunächst in eine positive Grundstimmung versetzen. Das kannst du z.B. dadurch erreichen, indem du Musik hörst, die dir gefällt. Lies dir die Stellenanzeige durch und denke dir, dass du eine erfolgreiche Bewerbung schreiben wirst. Mit dieser positiven Stimmung wirst du auch dein Anschreiben positiver formulieren können.

Erster Teil des Anschreibens

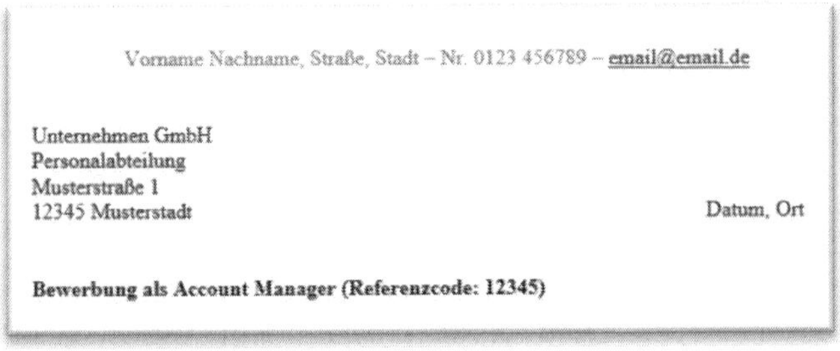
Vorname Nachname, Straße, Stadt – Nr. 0123 456789 – email@email.de

Unternehmen GmbH
Personalabteilung
Musterstraße 1
12345 Musterstadt

Datum, Ort

Bewerbung als Account Manager (Referenzcode: 12345)

Absender: in der Kopfzeile trägst du deine Adresse inkl. Telefon-Nummer und E-Mail-Adresse ein und lässt den Text dann mittig ausrichten. Gern kannst du hier eine andere Schriftfarbe wählen (bspw. grau).

Empfänger: Achte darauf, dass du die Anschrift richtig schreibst. Falls du einen Ansprechpartner haben solltest, kannst du unter den Punkt „Personalabteilung" auch den Namen erwähnen (z.B. z. Hdn: Frau Muster).

Die Anrede

Wenn in der Stellenanzeige ein Name hinterlegt ist oder du durch das Ersttelefonat bereits einen Ansprechpartner kennst, solltest du in jedem Fall die Person direkt adressieren:

> **Bewerbung als Account Manager (Referenzcode: 12345)**
>
> Sehr geehrte Frau Mustermann,
>
> wie bereits telefonisch am 10.07. besprochen, sende ich Ihnen meine Bewerbungsunterlagen für die Position als Account Manager zu.

Sofern du keinen direkten Ansprechpartner kennst, kannst du „Sehr geehrte Damen und Herren“ für die Anredezeile verwenden.

Hinweis: Grundsätzlich erfolgt die Anrede immer in der Siez-Form. Ausnahmen kann es aber bei Start-Ups oder jungen Unternehmen geben, die ihre Stellenanzeige aber auch schon in der Du-Form verfasst haben. In dem Fall ist es ratsam, auch der Du-Form zu folgen und folgende Anrede zu verwenden „Liebes Unternehmensname Team“.

Einleitung

Die Formulierung des Einleitungssatzes hängt davon ab, ob du bereits ein Telefonat mit einem Vertreter des Unternehmens geführt hast oder nicht. So oder so gilt: erzeuge Aufmerksamkeit! Im ersten Fall kannst du Bezug auf das freundliche und informative Telefonat nehmen. Falls es noch kein Gespräch gab und du bislang keinen persönlichen Kontakt hattest, solltest du versuchen, einen interessanten Einleitungssatz zu formulieren.

Beispiel für einen Einleitungssatz, der das Interesse des Personalers wecken könnte:

„Sie suchen einen kommunikationsstarken und zuverlässigen Account Manager, der sich sowohl durch Expertise in Verkaufsprozessen auszeichnet, als auch vertrauensvoll mit Kunden auf allen Ebenen zusammenarbeitet? Die Stellenanzeige entspricht in einem sehr hohen Maße meinen Vorstellungen und Kompetenzen – daher möchte ich Ihr hervorragendes Team nur allzu gern verstärken."

Alternativ könntest du auch einen direkten Bezug zum Unternehmen herstellen und dem Personaler dadurch zeigen, dass es sich bei deiner Bewerbung nicht um eine Copy-Paste Bewerbung handelt. Das ist wichtig, denn Personaler haben bei vielen Bewerbungen oft einfach nicht die Zeit, jedes Bewerbungsanschreiben im Detail zu lesen. Für einen Ersteindruck reicht daher oft schon der erste Satz, während der restliche Text oft nur nach sogenannten Keywords überflogen wird (zu den Keywords werden wir später noch mehr erfahren). Gib dir also Mühe mit dem ersten Satz!

Was du bei der Einleitung auf jeden Fall vermeiden solltest:

- „hiermit bewerbe ich mich …“ ist ein Satz, den Personaler nicht gern sehen. Denn ein Großteil aller Kandidaten verwendet diese Phrase, die im Übrigen auch unnötig ist. Denn im Titel steht ja bereits „Bewerbung als […]“.
- Sprüche, die polarisieren („ich möchte Ihr Unternehmen besser machen“ – der Personaler würde sich unweigerlich fragen, warum man sich denn dann überhaupt bewirbt)
- Sätze, die dich überheblich oder arrogant wirken lassen wie „Ihre Stellenanzeige passt perfekt zu mir“

Weitere Formulierungen für die Einleitung:

- „mit großem Interesse habe ich …“
- „Ihr Unternehmen begeistert mich schon seit Langem, weil …“

- „seit einiger Zeit verfolge ich Ihr Unternehmen und bin fasziniert von ..."
- „vor Kurzem habe ich Ihr Unternehmen auf der Messe XYZ sehr positiv wahrgenommen..."

Mit dem Einleitungssatz möchtest du in jedem Fall erreichen, die Neugierde des Personalers zu wecken. Das kann entweder durch eine Frage oder auch durch ein selbstbewusstes Auftreten erreicht werden. Trotzdem solltest du aufpassen und nicht übertreiben, damit du keinen arroganten Eindruck hinterlässt.

Der Hauptteil des Anschreibens

In diesem Abschnitt geht es darum, dem Personaler deine besondere Eignung für die Position darzulegen.

- Was machst du aktuell und warum bewirbst du dich auf die neue Position?
- Was genau interessiert dich an der Position und dem Unternehmen?

- Welche Kompetenzen und Fähigkeiten bringst du mit, um die Position bestmöglich zu besetzen (Beispiele nennen!)?

Wie wir bereits in dem vorherigen Kapitel gelernt haben, können viele Personaler schon aus Zeitgründen gar nicht alle eingehenden Bewerbungen im Detail lesen. Vielmehr fokussieren sie sich dabei auf das „Scannen der Keywords", das heißt sie suchen nach bestimmten Fähigkeiten, die sie auch in der Stellenbeschreibung festgehalten haben. Es ist daher in jedem Fall ratsam, auf einige dieser Keywords einzugehen. Trotzdem solltest du es nicht übertreiben und jede geforderte Kompetenz belegen, da auch das überheblich wirken kann. Stattdessen solltest du dir 2-3 Fähigkeiten, die dich wirklich auszeichnen und zu der Stellenanzeige passen, mit Beispielen belegen. Das erhöht die Glaubwürdigkeit enorm.

Beispiele dafür könnten sein:

- „Aufgrund meines diplomatischen Geschicks wurde ich als Ansprechpartner für Aufgabe XY ernannt"

- „Mein analytisches Denkvermögen konnte ich bereits im Projekt XY unter Beweis stellen"
- „Schon während meiner Studienzeit habe ich als Manager einer Fußballmannschaft gezeigt, dass ich über Organisationstalent verfüge"

Untermaure deine Stärken mit einschlägigen Beispielen aber bleibe dabei immer bei der Wahrheit. Nicht nur zuletzt deshalb, weil Falschangaben strafbewehrt sein können, sondern auch weil früher oder später ohnehin rauskäme, welche Kompetenzen oder Kenntnisse offenbar doch nicht vorhanden sind. Das führt in den allermeisten Fällen zu Kündigungen aus wichtigem Grund und kann im Zweifel auch rechtliche Konsequenzen haben. Möglich ist es allerdings, Verbindungen herzustellen (wir erinnern uns an das interne Kundenbeispiel).

Neben deinen Eigenschaften solltest du auch eine Verbindung zu den Unternehmenswerten herstellen. Wenn das Unternehmen beispielsweise ein Innovationstreiber ist und sich auch auf den Unternehmensseiten so darstellt, kannst du Dinge schreiben wie „Der

Innovationsgeist Ihres Unternehmens fasziniert mich sehr. Auch ich hinterfrage regelmäßig den Status-Quo und versuche neue Lösungen für alte Probleme zu finden".

Tipps für den Hauptteil (Recap):

- Lies die Stellenbeschreibung aufmerksam durch und mach dir Stichpunkte zu den geforderten Kompetenzen und Kenntnissen
- Überlege dir, warum gerade du diese Position in diesem Unternehmen bekommen solltest
- Tritt selbstbewusst auf und zeige dem Personaler, dass du weißt, was du willst
- Verwende abwechslungsreiche Sätze
- Fokussiere dich auf wenige Stärken, die dich gut beschreiben und binde diese sinnvoll ein
- Beziehe dich auf das Unternehmen und nenne Vorteile des Unternehmens. Idealerweise kennst du ein tolles Produkt oder eine tolle Dienstleitung des Unternehmens,

das du sinnvoll in den Text einbinden kannst

- Verwende auch hier keine Floskeln und Standardsätze wie „ich bin teamfähig“ (Teamfähigkeit wird für jede Position vorausgesetzt)

Beispielabsatz für den Hauptteil:

„Durch mich gewinnen Sie einen äußerst engagierten, belastbaren und hoch motivierten Mitarbeiter, der sich durch eine analytische sowie saubere Arbeitsweise auszeichnet. Neben einer hohen Einsatzbereitschaft zählt eine ergebnisorientierte und eigenständige, als auch teamorientierte Arbeitsweise zu meinen Stärken. Interdisziplinarität sowie interkulturelle Kompetenzen runden mein Profil ab.

Ich stelle mich gern komplexen Herausforderungen und bin davon überzeugt, dass ich aufgrund meiner Begeisterungsfähigkeit für die in der Tätigkeitsbeschreibung angesprochenen Aufgaben eine effektive Verstärkung Ihres Teams darstelle.“

Der Schlussteil

Im Schlussteil ziehst du ein Resümee deiner Fähigkeiten und zeigst dem Personaler dadurch, dass du einen echten Mehrwert für das Unternehmen generieren kannst.

Gehaltsvorstellung: Falls in der Stellenanzeige nach einer Gehaltsvorstellung gefragt wird, solltest du ein Gehalt entsprechend deiner Vorstellungen angeben. Du kannst dabei entweder einen konkreten Betrag oder eine realistische Spanne nennen. Ich würde dir davon abraten, runde Zahlen wie 40.000 Euro zu nennen, da du damit signalisierst, dass du dir wenig Gedanken gemacht hast. Wähle anstatt dessen liebe eine Zahl wie 41.500 oder 42.000 Euro.

Wenn du dir unsicher bist, welche **Gehaltswünsche** du angeben kannst, würde ich dir empfehlen, das Gehalt deines Berufs in einer Suchmaschine einzugeben, bspw. „Account Manager Gehalt". Es gibt einige Internetseiten, auf denen Angehörige des Berufsstands anonym ihr Alter und jährliches Einkommen nennen. Einfacher ist es, wenn das Unternehmen an Tarifverträge gebunden ist. Dann kannst du nämlich auf der

Homepage von Gewerkschaften nachschauen. In jedem Fall gilt, dass du dich zu deinem Wunschgehalt bekennen solltest und deine Ansprüche nicht künstlich runterschraubst. Wenn ein Unternehmen dich wirklich interessant findet, rufen Sie dich auch an, wenn dein angegebenes Gehalt zu hoch ist (denn runterhandeln kann man immer, aber auf der anderen Seite wird dir das Unternehmen kaum mehr bieten, wenn du „zu wenig" Gehalt angegeben hast). Bedenke bei der Angabe deines Gehaltswunschs auf jeden Fall, dass fast jeder Personaler mit dir über dein Gehalt verhandeln wird, daher solltest du ohnehin einen Spielraum für Verhandlungen berücksichtigen. Die perfekte Mitte zu finden, ist gar nicht so einfach. Mein Tipp: überlege dir, was du im bestmöglichen Fall (realistisch bleiben!) bekommen kannst und wo deine Schmerzgrenze liegt.

Eintrittstermin: Damit das Unternehmen realistisch einschätzen kann, wann du frühestmöglich in das Unternehmen eintreten kannst, solltest du im besten Fall angeben, welchen frühestmöglichen Termin du realisieren kannst. Es kann aber auch vorkommen, dass Unternehmen sich erst nach einigen Monaten auf deine

Bewerbung melden, wodurch deine Angabe dann natürlich wenig Sinn macht. Meine Empfehlung daher ist, dass du deine Kündigungszeit angibst. In dem Fall macht es keinen Unterschied, wann deine Bewerbung gelesen wird. Falls du aktuell schon auf der Suche nach Arbeit sein solltest, kannst du eine Formulierung wie „Ich stehe Ihnen kurzfristig zur Verfügung" wählen. Das kann sogar von Vorteil sein, insbesondere dann, wenn das Unternehmen die Position schnellstmöglich besetzen möchte (Bsp.: Elternzeitvertretung, damit eine Einarbeitung gewährleistet werden kann).

Letzter Satz: Hier bitte unbedingt selbstbewusst und positiv gestimmt abschließen. Beispiele dafür könnten sein:

- „Habe ich Ihr Interesse geweckt? Dann freue ich mich schon sehr über eine Einladung zum persönlichen Kennenlernen."
- „Gern würde ich Sie in einem Vorstellungsgespräch persönlich überzeugen."
- „In der Hoffnung, dass Sie mir die gleiche Begeisterung entgegenbringen, freue ich mich schon sehr auf ein Vorstellungsgespräch."

- „Einem persönlichen Kennenlernen sehe ich mit großer Freude entgegen."

Verabschiedung: Auch hier gilt wieder, sich der Sprache des Unternehmens anzupassen. Grundsätzlich empfiehlt es sich jedoch klassisch „Mit freundlichen Grüßen" abzuschließen. Darunter sollte dann in Druckbuchstaben dein Name stehen sowie eine Unterschrift. Es ist jedoch nicht notwendig, die Seite auszudrucken, damit du es unterzeichnen kannst. Mein Tipp an dieser Stelle ist, dass du einfach auf einem weißen Blatt schön unterschreibst, den Ausschnitt fotografierst und dann in die Datei hochlädst.

> Meine Gehaltsvorstellungen belaufen sich auf ca. 42.000 Euro und mein frühestmöglicher Eintrittstermin ist der 01.06.2019. In der Hoffnung, dass Sie mir die gleiche Begeisterung entgegenbringen, freue ich mich schon sehr auf ein persönliches Kennenlernen.
>
> Mit freundlichen Grüßen
> Vorname Name
>
> (Unterschrift)

Abschließende Tipps zum Anschreiben

Investiere Zeit: Für ein wirklich gutes Bewerbungsanschreiben musst du einige Zeit einplanen. Auch wenn es sicherlich interessante

Dinge gibt, die man in seiner Freizeit machen kann, sollte man sich Zeit für die Bewerbung nehmen. Denn letztlich geht es darum, einen Traumjob zu finden und in eine glückliche Zukunft zu starten. Je mehr du dich mit deinen eigenen Fähigkeiten auseinandersetzt, desto mehr wirst du auch feststellen, wo deine Stärken und Schwächen liegen. Das ist nicht nur wichtig für das Anschreiben, sondern auch für deine persönliche Entwicklung.

Kurz und knapp: Ein Anschreiben sollte auf maximal eine Seite begrenzt sein. Daher gilt es möglichst präzise Sätze zu formulieren, die einen hohen Informationsgehalt haben, ohne dabei zu viel Raum für Interpretationen zu lassen. Stell dich positiv und interessant dar, wecke die Neugier des Personalers. Gehe immer gezielt auf das jeweilige Unternehmen sowie die beschriebenen Tätigkeiten und Voraussetzungen ein. Vermeide den Fehler, einfach nur die Anschrift und das Datum auszutauschen. Das bedeutet nicht, dass du jegliche Sätze komplett umschreiben musst. Anstatt dessen ist es ratsam, der Bewerbung einen individuellen Touch zu verleihen. Denk daran, dass die Bewerbung zwischen dir und deinem Traumjob stehen kann.

Der Lebenslauf - so überzeugst du Personaler mit deinem Lebenslauf

Neben dem Anschreiben ist der Lebenslauf das wichtigste Dokument, um einen Personalchef von deinen Fähigkeiten zu überzeugen. Auf internationaler Ebene ist es oft sogar unüblich, Bewerbungsanschreiben überhaupt zu versenden. Anstatt dessen wird ausschließlich auf den Lebenslauf geschaut. Das ist in deutschen Unternehmen (bislang) nicht der Fall, aber es ist ein Trend erkennbar, der ganz klar den Fokus auf den Lebenslauf legt. Das ist auch nur allzu gut nachvollziehbar: wenn man sich überlegt, dass ein Personaler buchstäblich mehrere hunderte Bewerbungen erhält, kann er sich gar nicht die Zeit nehmen, jedes Bewerbungsanschreiben und Lebenslauf im Detail zu lesen. Wie bereits im vorherigen Kapitel erwähnt, durchlaufen viele Unternehmen daher zunächst einen „Screening-Prozess“. Das bedeutet, dass Lebenslauf und Bewerbungsanschreiben nach bestimmten Schlüsselwörtern (engl. Keywords) gefiltert werden. Damit ist (noch nicht) das Scannen von Maschinen, sondern das „Überfliegen“ von Recruitern gemeint, die schauen, ob die Fähigkeiten mit denen der

Stellenbeschreibung übereinstimmen. Umso wichtiger ist es also, einen guten Eindruck im Lebenslauf zu hinterlassen. Nicht nur der Inhalt, auch die Optik muss überzeugen können. Wenn du die Regale eines Buchladen durchstöberst, bleibst du automatisch bei den Büchern stehen, die dich optisch ansprechen, zum Beispiel weil das Buch ein interessantes Cover oder eine gute Farbgestaltung hat. Nicht anders verhält es sich bei Lebensläufen, denn auch hier wird innerhalb von wenigen Sekunden entschieden, ob man sich tiefergehend mit der Bewerbung beschäftigt oder eben nicht.

Bevor wir ins Detail gehen und uns ansehen, was einen guten Lebenslauf ausmacht, starten wir zunächst wieder mit den Formalitäten:

- Schriftgröße und Schrifttyp aus dem Anschreiben verwenden
- Länge: auf zwei Seiten beschränken
- Anti-chronologisch sortieren (aktuelle Tätigkeit zuerst nennen)
- Tabellarische Form verwenden
- Auf relevante Stichpunkte beschränken

- Achte auf korrekte Rechtschreibung und Grammatik
- Weniger ist mehr: ein optisch ansprechender Lebenslauf muss nicht aus bunten Grafiken bestehen. Klare Linien und ein schönes sowie gut leserliches Schriftbild können den Unterschied machen

Beispiel eines Personaler-Lebenslaufs:

MAX MUSTERMANN

BERUF

PROFIL

Name
Max Mustermann

Geboren:

Familienstatus:
verheiratet, 1 Kind

Adresse:
Straße Hausnr.
PLZ Ort

E-Mail:
Email@email.com

UBER MICH

Leidenschaftlicher HR Spezialist

Experte im Individual- und Kollektivarbeitsrecht

BERUFLICHE ERFAHRUNG

06/2016 – jetzt

Aktueller Arbeitgeber
Positionsbezeichnung
- Stichpunkte
- Stichpunkte
- Stichpunkte

01/2014 – 05/2016

Vorheriger Arbeitgeber
Positionsbezeichnung
- Ansprechpartner für internationale Führungskräfte und Mitarbeiter in allen strategischen und operativen Fragestellungen
- Enge und vertrauensvolle Zusammenarbeit und Abstimmung mit dem Betriebsrat. Abschluss und Neuverhandlung von Betriebsvereinbarungen
- Primärer Ansprechpartner der hiesigen Bezirksregierung bzgl. der Einhaltung des Arbeitszeitgesetzes
- Durchführung von Mitarbeitertrainings
- Implementierung von HR Standards
- Durchführung von Umstrukturierungsprozessen zur Vermeidung von betriebsbedingten Kündigungen
- Personalplanung und Recruiting

08/2010 – 12/2013

Arbeitgeber
Positionsbezeichnung
- Stichpunkte
- Stichpunkte
- Stichpunkte

Empfehlungen für den Aufbau eines Lebenslaufs

Wenn ein Personaler deinen Lebenslauf anschaut, will er oder sie zunächst erstmal wissen: „Was genau macht der Kandidat aktuell und könnten seine Kompetenzen für die gesuchte Stelle passen?"

Die Frage solltest du zunächst für dich beantworten und dann entscheiden, wie du den Lebenslauf aufbaust. Wenn du einschlägige Berufserfahrung hast und die Stelle wie auf dich zugeschnitten ist, solltest du auch zeigen, dass dein Profil grundsätzlich sehr gut zu der Stellenanzeige passt. Dafür würde sich das oben abgebildete Beispiel eignen. Falls du dich hingegen als Quereinsteiger bewerben möchtest, könntest du zunächst mit dem „Über mich" Abschnitt anfangen, um das Interesse des Personalers zu wecken.

In einem Lebenslauf sollten grundsätzlich diese Dinge enthalten sein:

- Persönliche Daten: Name, Anschrift und Kontaktdaten, Familienstand
- Foto: gute Bewerbungsfotos sind nicht ganz günstig, dürfen aber in einer klassischen Bewerbung nicht fehlen. Investiere

daher etwas Geld, um ein professionelles Foto aufzunehmen. Spezialisierte Fotografen können dir auch Tipps geben, wie du besonders sympathisch wirkst und ob du das Foto in Farbe oder Schwarz-Weiß verwenden solltest

- Berufliche Erfahrung: Arbeitgeber mit Position laut Arbeitsvertrag, Stichpunkte zu den Tätigkeiten. Bei Berufsanfängern können hier auch einschlägige Praktika genannt werden
- Theoretische und Praktische Ausbildung: alle wichtigen Stationen (Schulbildung, Hochschule, Abschlüsse) nennen. Grundschule ist nicht relevant. Grundsätzlich gilt: die letzten drei Stationen angeben
- Praktika nur bei Berufserfahrung < 10 Jahren erwähnen
- Weiterbildungen, relevante Zertifikate und Auszeichnungen
- Falls vorhanden, Ehrenämter
- Fähigkeiten und Kenntnisse
- Hobbys

Die „Über mich“ Sektion

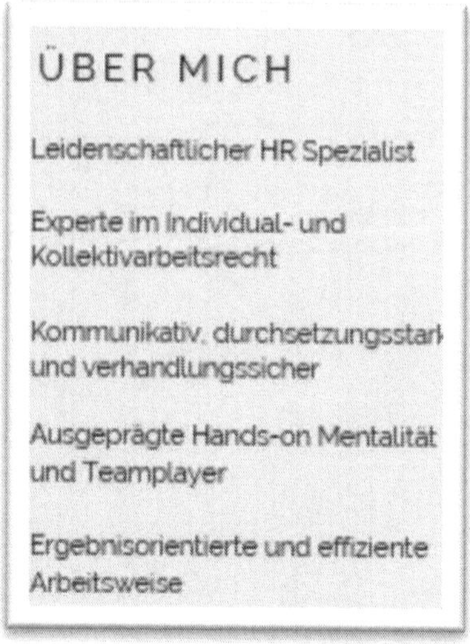

Um Personalern in kurzen prägnanten Stichworten einen besseren Eindruck über deine Person zu geben, empfiehlt es sich auch einen „Über mich“ Abschnitt einzufügen. In diesem Feld kannst du deine wichtigsten Eigenschaften zusammenfassen (die im besten Fall auch zu den Anforderungen der Stellenbeschreibung passen).

- Was kannst du besonders gut?
- Wie würden Freunde dich beschreiben?
- Wofür brennst du?

- Gibt es Themen, die dich besonders interessieren?

Berufliche Erfahrung

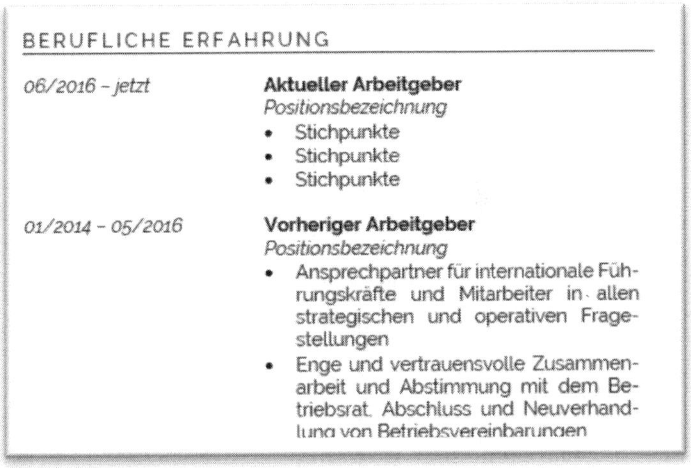

BERUFLICHE ERFAHRUNG

06/2016 – jetzt

Aktueller Arbeitgeber
Positionsbezeichnung

- Stichpunkte
- Stichpunkte
- Stichpunkte

01/2014 – 05/2016

Vorheriger Arbeitgeber
Positionsbezeichnung

- Ansprechpartner für internationale Führungskräfte und Mitarbeiter in allen strategischen und operativen Fragestellungen
- Enge und vertrauensvolle Zusammenarbeit und Abstimmung mit dem Betriebsrat. Abschluss und Neuverhandlung von Betriebsvereinbarungen

Wie auch im restlichen Lebenslauf gilt, alle Stationen anti-chronologisch anzugeben, also die aktuellste zuerst zu nennen. Schau in die Tätigkeitsbeschreibung deines vorherigen Jobs oder lies dir dein Arbeitszeugnis durch, sofern du es schon erhalten hast. Hier kannst du ein paar Stichpunkte angeben, die im besten Fall einigermaßen deckungsgleich mit den Tätigkeiten der Stellenbeschreibung sind oder zumindest aufzeigen, dass sie als Grundlage dienen können, um fortgeschrittene Aufgabengebiete zu übernehmen.

Theoretische Ausbildung

THEORETISCHE AUSBILDUNG

10/2012 – 12/2014	**Universität, Ort** *Wirtschaftswissenschaften, B.Sc.* Schwerpunkte: Accounting, Controlling Bachelorthesis zu dem Thema XY (Note: 1,7)
02/2014 – 06/2014	**University of Exeter** *Akademisches Auslandssemester in England* Module: Cambridge English, International Business, Corporation Branding
08/2006 – 06/2012	**Schule, Ort** Abschluss: Abitur (Note: 2,3)

In diesem Bereich kannst du deine Schulbildung, Ausbildung und Studium angeben. Falls du Schwerpunkte gesetzt hast, kannst du diese hier gern erwähnen. Dabei muss es sich nicht zwingend um Pflichtschwerpunkte handeln, du kannst hier auch gern Interessenschwerpunkte angeben.

Sonstiges

SONSTIGES

Auszeichnungen:	**Stipendium** des Bundesministeriums für Wirtschaft und Energie (05/2017 - 04/2018)
Fachkenntnisse:	MS Office (Excel, Word, PowerPoint, Outlook) SAP R/3 HR
Fremdsprachen:	**Englisch** sehr gute Kenntnisse in Wort und Schrift, u.A. durch • Business English Kurs der Klasse C1 (Cambridge Zertifikat) • Auslandsstudium in Exeter, England **Französisch** (*Schulkenntnisse*) **Spanisch** (*Schulkenntnisse*) **Schwedisch** (*Grundkenntnisse*)
Hobbies:	Fußball, Snowboard, englischsprachige Literatur

In diesem Feld kannst du etwaige Zertifikate, Auszeichnungen und Sprach- sowie Fachkenntnisse angeben.

Wichtig zu beachten:

Fähigkeiten und Fach/Sprachkenntnisse müssen immer wahrheitsgemäß angegeben werden. Wenn du beispielsweise der Meinung bist, dass du sehr gute Kenntnisse in einer Fremdsprache hast, solltest du auch zeigen können, wie du diese Kenntnisse erlangt hast. Nicht selten fragen Personaler im Vorstellungsgespräch eine deiner **Fremdsprachen** ab. Wenn du dich dann nicht entsprechend ausdrücken kannst, ist das der sichere Weg, um den Job nicht zu bekommen. Das Gleiche gilt selbstredend für

Fachkenntnisse, die im Vorstellungsgespräch durch Fragen oder auch schriftliche Aufgaben abgefragt werden können. Daher bitte bei der Wahrheit bleiben.

Hobbies sind kein zwingendes Erfordernis, aber sie helfen dem Personaler, ein besseres Bild von dir zu bekommen. Nicht selten kann es sogar dazu kommen, dass aufgrund eines **gemeinsamen Interesses** eine bessere Basis erzielt werden kann und das Vorstellungsgespräch plötzlich zu einem Fachgespräch zum Thema Mountainbike oder expressionistischer Kunst wird. Daher empfehle ich immer, Hobbies im Lebenslauf aufzuführen. Oft bekomme ich von Seminarteilnehmern zu hören, dass sie keine echten Hobbies haben und nicht wissen, was sie angeben sollen. Auch in dem Fall gilt natürlich, sich nichts auszudenken. Ein Hobby bedeutet aber auch nicht, dass man es regelmäßig betreiben muss, sondern vielleicht einfach Spaß daran hat. So kann man durchaus auch Skifahren als Hobby angeben, auch wenn man es nur alle 1-2 Jahre macht. Als Faustregel empfiehlt es sich, einen **Mannschaftssport** (z.B. Fußball, Volleyball), einen **Individualsport** (z.B. Yoga, Laufen) und ein kreatives oder passives Hobby (z.B. Literatur, Kino) anzugeben.

Im unteren Teil des Lebenslaufs kannst du dann bei Online-Bewerbungen eine eingescannte Unterschrift einfügen und bei Papierbewerbungen direkt unterschreiben.

Vorname, Name

(Unterschrift)

Ort, den 5. April 2019

Vorlage und weitergehende Informationen

Als Dankeschön dafür, dass du mein Buch gekauft hast, möchte ich dir ein ganz besonderes Geschenk machen.

Auf der folgenden Seite kannst du dir meine **Erfolgs-Vorlage für den Lebenslauf kostenlos** herunterladen. Diese Vorlage hat bereits schon etlichen meiner Coaching Kunden geholfen, ihren persönlichen Traumjob zu finden und ich drücke dir die Daumen, dass es auch bei dir klappt.

Besuche einfach die folgende Webseite: https://bewerbungscoach.org/vorlage

Warum Bewerbungsverfahren oft so viel Zeit in Anspruch nehmen

Wenn du die Bewerbung abgeschickt hast, heißt es erstmal abwarten. Denn die allermeisten Bewerbungsverfahren ziehen sich leider oft in die Länge. Das kann verschiedene Gründe haben und reicht von der Komplexität interner Prozesse bis hin zu festen Zeiten für die Stellenschaltung. Daher lässt sich auch nicht pauschal sagen, ob es eine gute oder schlechte Sache ist, wenn du über einen längeren Zeitraum hinweg keine Nachricht erhältst. Grundsätzlich ist es nicht notwendig, Unternehmen nach dem Stand der Bewerbung zu fragen. Viele Unternehmen bestätigen dir den Eingang der Bewerbung und teilen dir mit, wie viel Zeit die Rückmeldung voraussichtlich in Anspruch nehmen wird. Laut einer internationalen Erhebung des Arbeitgeberbewertungsportals Glasdoor.com beträgt die typische Dauer einer Rückmeldung durchschnittlich 28,8 Tage.

Die Nachfrage macht aber natürlich Sinn, wenn du möglicherweise schon ein Zweitangebot hast, diese Position bei diesem Arbeitgeber aber besonders interessant findest und daher nichts unversucht lassen möchtest. Mein Tipp ist daher, mindestens zwei Wochen abzuwarten und dann möglichst telefonisch bei der Personalabteilung nachzufragen. Das könnte bspw. folgendermaßen aussehen:

„Guten Tag Frau Musterfrau, mein Name ist Bert Bewerber. Ich rufe Sie an, da ich mich vor einiger Zeit bei Ihnen als Account Manager beworben habe. Die Stelle interessiert mich wirklich sehr und daher möchte ich Sie gern fragen, ob Sie mir schon mitteilen können, wann ich mit einer Rückmeldung rechnen kann?"

In jedem Fall gilt: möglichst kurz halten und ohne große Umschweife direkt zum Kern der Frage kommen. Personalsachbearbeiter erhalten viele solcher Anrufe und ich kann dir sagen, dass es nicht zu ihren größten Interessen gehört, Bewerbern die immer gleichen Informationen zum Stand der Bewerbung zu geben. Falls kein Telefonkontakt angegeben sein sollte, ist es grundsätzlich auch möglich, per E-Mail nachzufragen. Aufgrund der unpersönlichen Kommunikation ist das aber nur ratsam, wenn eine persönlichere Kontaktaufnahme nicht möglich ist.

Welchen Einfluss Social Media Profile auf den Bewerbungsprozess haben

Spätestens durch LinkedIn und Xing ist Social Media auch in die berufliche Welt vorgedrungen. Die Mitgliederzahlen sprechen für sich: allein in Deutschland sind knapp 13 Millionen Mitglieder bei Xing registriert.[1] In einigen Branchen ist es schon seit einigen Jahren üblich, ein Social Media Profil zu besitzen und kann gar ungewöhnlich wirken, wenn man dort eben nicht vertreten ist. Während Anfang der 2010er Jahre noch die Maxime galt, möglichst keine persönlichen Informationen im Internet verfügbar zu machen, sind mittlerweile auch Arbeitgeber seit einigen Jahren auf verschiedensten Plattformen zu finden. Ob jemand ein Social Media Profil hat, in welchem Umfang man es nutzt und welche Informationen dort auch der allgemeinen Öffentlichkeit zugänglich gemacht werden, sollte jeder Mensch für sich selber entscheiden. Ob ein Social Media Profil sinnvoll ist, hängt vor allem auch an Berufsfeld, Branche und Unternehmen ab. Insbesondere für Jobs, die das Unternehmen in irgendeiner Form nach außen repräsentieren, kann es durchaus ratsam sein, ein

[1] Stand April 2019: https://corporate.xing.com/de/unternehmen/daten-und-fakten/

Profil in einem beruflichen Netzwerk zu erstellen. Grundsätzlich besteht natürlich die Möglichkeit, dass ein Recruiter das Internet als zusätzliche Recherche-Möglichkeit wahrnimmt. Das kann Chance und Problem zugleich sein.

Ich kann dich aber auch direkt ein Stück weit beruhigen, denn laut einer Studie von Staufenbiel und Kienbaum gehört der Online-Check bei dem Großteil der Unternehmen in Deutschland nicht zum Alltag von Recruitern[2], wie auch die folgende Infografik von Statista zeigt:

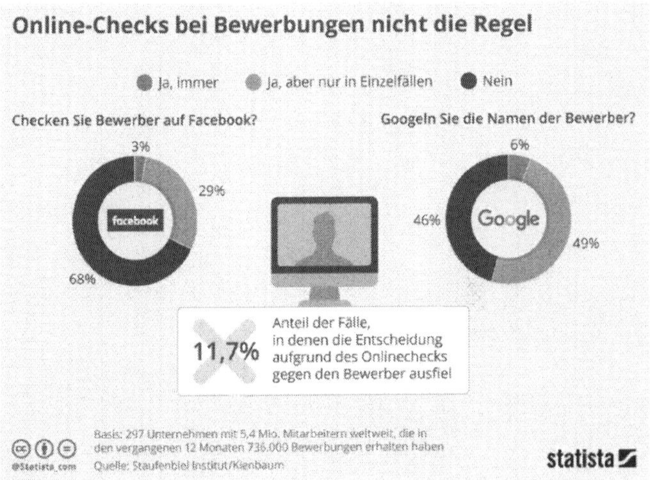

Durch Social Media wird es für Recruiter trotzdem potenziell einfacher, Informationen über

---

[2] Stand 2019: https://de.statista.com/infografik/8841/online-check-von-bewerbern/

Kandidaten zu erlangen. Bei einem Drittel der Unternehmen wird im Einzelfall geprüft, was man über den Kandidaten im Internet finden kann. Gar nichts zu finden kann sich dann auch negativ auf den Prozess auswirken. Meine Empfehlung ist daher, selber zu bestimmen, was ein potenzieller Arbeitgeber im Internet herausfinden kann. Denn ein guter Auftritt im Internet kann die Glaubwürdigkeit der Bewerbungsunterlagen unterstreichen und ein stimmiges Gesamtbild abgeben – frei nach dem Motto „Seht mich an, mich gibt es wirklich und ich habe nichts zu verstecken".

Ich setze bei dir als meinem Leser voraus, dass du dir darüber bewusst bist, dass die berühmt-berüchtigten Partyfotos aus Studentenzeiten nun nicht zwingend förderlich sind. Wenn ein Unternehmen dich aber nun aufgrund deiner Bewerbungsunterlagen grundsätzlich interessant findet und im Internet mehr über dich herausfinden möchte, spricht nichts dagegen, über ein gepflegtes Profil in einem beruflichen sozialen Netzwerk gefunden zu werden. Was und wie viele Informationen du dort angibst, ist natürlich dir überlassen.

Das Vorstellungsgespräch: so überzeugst du Personaler

Ein Bewerbungsgespräch kann sowohl für Berufsanfänger als auch für Berufserfahrene eine schwierige Angelegenheit sein, auf die man sich gut vorbereiten sollte. Denn der Ersteindruck zählt und innerhalb weniger Minuten müssen Kandidaten zeigen, wie motiviert und sympathisch sie sind und warum sie die ideale Besetzung für die Stelle sind. Das kann dem Druck und Stress einer Prüfungssituation sehr nahekommen. Als Bewerber kann es dann schnell passieren, dass man sich verspricht und einen plötzlichen Blackout erlebt oder sich um Kopf und Kragen redet. Die gute Nachricht aber ist, dass es gar nicht erst dazu kommen muss. Denn Vorstellungsgespräche kann man vorbereiten.

Der Ablauf eines Vorstellungsgesprächs kann natürlich von Unternehmen zu Unternehmen variieren, aber in der Regel laufen Interviews fast immer gleich ab: nach einer kurzen **Begrüßung und Small-Talk** werden im **Hauptteil** des Interviews gezielte Fragen gestellt, um die beiderseitige Eignung feststellen zu können. Je nach Job Level und Rolle können auch Praxisaufgaben eingebaut werden. Nach diesem Abschnitt erhält der Bewerber in der Regel ein paar Minuten, um **eigene Fragen** zu stellen, bevor es um die **Verabschiedung** geht.

Unmittelbar vor dem Gespräch

Bevor du das Gebäude betrittst, solltest du Folgendes beherzigen:

- Atme zwei bis drei Mal tief ein und aus, falls du aufgeregt sein solltest
- Schau in den Spiegel deines Autos/Smartphones und verinnerliche dir, dass es einfach nur ein Gespräch ist. Eine tolle Möglichkeit, keine Frage, aber letztlich nur ein Gespräch. Im besten Fall bekommst du einen coolen Job. Falls es nicht klappen sollte, hast du ein interessantes Gespräch geführt und eine neue Person in deinem beruflichen Netzwerk kennengelernt. Du kannst gar nicht verlieren!
- Als direkte Unternehmensvertreter können Personaler oft einschüchternd wirken. Aber auch Personaler kochen nur mit Wasser und teilen die gleichen Ängste und Sorgen wie du. Lass dich daher nicht einschüchtern und begegne Personalern auf Augenhöhe (wir erinnern uns, dass ein

selbstbewusstes Auftreten immer gut ankommt)

- Versetze dich in eine positive Grundstimmung. Erinnere dich an eine fröhliche Situation in deinem Leben oder an deinen Lieblingswitz

Personalerhack #2

Nimm auf jeden Fall einen Notizblock und etwas zum Schreiben mit. Notiere dir während des Gesprächs wichtige Dinge wie Kennzahlen oder Informationen zu der Arbeitsstelle. Einerseits wirkst du dadurch gut vorbereitet, strukturiert und interessiert.

Der Ablauf eines Vorstellungsgesprächs

Der Small-Talk: Die Wissenschaft hat längt bewiesen, dass sich innerhalb der ersten Sekunden einer Begegnung entscheidet, ob man seinen Gegenüber sympathisch findet oder nicht. Daher ist es essentiell, schon vom Erstkontakt einen guten Eindruck zu hinterlassen.

Personaler fallen in der Regel nicht mit der Tür ins Haus, weil sie wissen, dass der Smalltalk auch für Kandidaten wichtig ist, um sich zu akklimatisieren. Typische Fragen wie

- Wie geht es Ihnen, haben Sie gut hergefunden?
- Wie war Ihre Anreise?

dienen dazu, erstmal eine angenehme Situation zu schaffen, bevor es ans Eingemachte geht.

Tipps für den Einstieg/ die Smalltalk-Phase:

Tipp #1: Bleib ruhig und gelassen. Denk daran, dass du hier bist, um ein interessantes Gespräch zu führen. Falls dir das schwerfallen sollte, kannst du dem Personaler mitteilen, dass du nervös bist. Das wirkt entschärfend und die meisten Gesprächspartner zeigen Verständnis

Tipp #2: Begegne den Personaler mit einem freundlichen Gesichtsausdruck und erwidere die Begrüßung mit einem festen und selbstbewussten Händedruck. Sei höflich und halte Augenkontakt (das gilt natürlich für alle Gesprächsphasen)

Tipp #3: Während dem Weg zur Räumlichkeit wirst du in der Regel auch gefragt, ob du etwas trinken möchtest. Das solltest du aus Höflichkeit in jedem Fall annehmen, egal ob du nun das Glas trinkst oder nicht.

Der Small-Talk Abschnitt mündet häufig in einer kurzen Vorstellung des Unternehmens und deiner Gesprächspartner.

Vorstellung des Unternehmens

Viele Personaler stellen zunächst sich und das Unternehmen sowie Produkte und/oder Dienstleistungen vor. Hier solltest du genau zuhören, denn in der Regel werden schon sehr relevante Fragen, die du vielleicht im Anschluss stellen möchtest, bereits beantwortet. Besonders gut kommt es natürlich an, wenn du in einer deiner Fragen dann Bezug auf das nimmst, was der Personaler schon kurz erwähnt hat. Dazu später mehr.

Höre also genau zu und signalisiere durch freundliches Nicken, dass du aufmerksam bist. In einigen Unternehmen wirst du auch direkt gefragt, was du bereits über das Unternehmen weißt. Das kann einerseits dazu dienen, herauszufinden, ob der Personaler denn alles von A-Z über das Unternehmen erzählen muss oder aber auch, um zu testen, was du bereits schon weißt. In jedem Fall kommt es schlecht an, wenn du dich noch gar nicht über das Unternehmen informiert hast.

Personalerhack #3

Die wichtigsten Informationen über Unternehmen kann man vorab innerhalb von ca. 30 Minuten zusammentragen. Gute Quellen dafür sind die Firmenhomepage (häufig gibt es auf der Karriereseite Menüpunkte wie „Wir als Arbeitgeber"), Wikipedia und Google News für aktuelle Nachrichten über das Unternehmen. Schreibe dir diese Notizen zusammen und nimm sie mit (gern direkt im Notizbuch).

Selbstvorstellung

Nachdem du eine kurze Präsentation des Unternehmens gehört hast, bist du an der Reihe. Häufig wirst du Worten wie „Dann stellen Sie sich doch bitte auch kurz vor". Wenn der Personaler das Signalwort „kurz" verwenden sollte, heißt das nämlich auch genau das. Halte dich und kurz und präzise. Als ungefähren Rahmen kannst du dir 2-3 Minuten geben. In der Selbstpräsentation.

Beachte immer, dass der Personaler durch Fragen wie diese die persönliche Eignung feststellen möchte. Daher solltest du dich an diese Punkte halten:

- Name, Alter und aktueller Wohnort
- Kurzer Abriss der aktuellen Tätigkeit/ des Studiums
- Warum man sich für diesen Job in diesem Unternehmen beworben hat

Mit diesen drei Punkten kannst du in jedem Fall nichts falsch machen. Falls der Personaler weitere Informationen wünscht, wird er/sie diese entsprechend abfragen.

Personalerhack #4

Um sich direkt von seinen potentiellen Konkurrenten abzuheben und mit einem positiven

Eindruck zu starten, lohnt es sich, die Selbstpräsentation kreativ und etwas humorvoll zu gestalten. Das könnte beispielsweise so aussehen:

Beispiel Berufseinsteiger Ingenieur, Automobilindustrie:

„Hallo, mein Name ist Konstantin Winter. Schon seit meiner frühesten Kindheit bin ich an Autos interessiert. Mein Lieblingsspiel war ein Auto-Quartett, diese Leidenschaft habe ich dann bei dem Bau verschiedener Seifenkisten weiter ausleben können und mich letztlich für den Studiengang Ingenieurswissenschaften entschieden, den ich erfolgreich mit dem Schwerpunkt Automobilindustrie abgeschlossen habe. Nun bin ich hier, um mit Ihrem Unternehmen großartige Autos der Zukunft bauen zu können..."

Interviewphase

Nach dem Einstieg geht es über zu den Fragen, die deine persönliche und fachliche Eignung besser abfragen sollen. Nachfolgend werde ich dir einige in der Praxis übliche Fragen beispielhaft auflisten. Wichtig vorab ist jedoch, dass du dich nicht auf all diese Fragen vorbereiten musst (geschweige dessen, dass es aufgrund der Fülle von Fragen ohnehin nicht möglich ist). Mit den Fragen soll nur verdeutlicht werden, wie wichtig es ist, dass du dich vorab mit deiner Person und deinem Lebenslauf beschäftigst. Stell dir unbequeme Fragen und finde Antworten, die zwar ehrlich sind, aber insgesamt positiv klingen. Einige der Fragen, die dir im Vorstellungsgespräch begegnen können, sind unter anderem diese hier:

Allgemeine Fragen

- Warum bewerben Sie sich auf diese Position?
- Warum bewerben Sie sich bei uns?
- Warum sollten wir Sie einstellen?

Fragen zur Motivation

Die fachliche Eignung ist wichtig, aber natürlich will der künftige Arbeitgeber auch die individuelle Motivation herausfinden. Bewirbt sich hier jemanden auf seinen Traumjob oder nur, weil er keine besser Alternative hat?

- Warum möchten Sie gern bei uns arbeiten?
- Was wissen Sie bereits über unser Unternehmen?
- Welche aktuellen Projekte stehen bei uns an?
- Kennen Sie die Herausforderungen, mit der unsere Branche zu kämpfen hat?
- Welche Ziele haben Sie für sich in dieser Position?
- Wenn Sie an meiner statt wären, was würden Sie im Vorstellungsgespräch abfragen?
- Welche Beweggründe gibt es für den gewünschten Arbeitsplatzwechsel?
- Welches Gehalt stellen Sie sich vor?
- Wo sehen Sie sich in fünf Jahren?
- Wären Sie bereit, umzuziehen?

Fragen zur fachlichen Qualifikation

Kaum ein Vorstellungsgespräch kommt ohne Fachfragen aus. Insbesondere für technische Berufe kann das Fehlen von notwendigen Kenntnissen oder Fähigkeiten eine direkte Absage bedeuten. Daher ist es ratsam, fachspezifische Fragen deines Berufsfelds schon vorher herauszufinden und für dich zu beantworten.

- Welche Fähigkeiten und Kenntnisse bringen Sie für diese Position mit?
- Warum sollten wir Sie einstellen?
- Welche Tools/Programme nutzen Sie bei Ihrem aktuellen Arbeitgeber?
- Kennen Sie die Tools/Programme, die für die Arbeit dieser Position relevant ist?
- Wie halten Sie sich fachlich auf dem Laufenden?

Fragen zur Arbeitsweise

Um dich besser einschätzen zu können, werden häufig auch Fragen zur Arbeitsweise gestellt. Darunter fallen beispielsweise diese Fragen:

- Wie würden Sie Ihren Arbeitsstil beschreiben?
- Wie gehen Sie mit Fehlschlägen um?
- Wie gehen Sie mit plötzlichen Veränderungen um?
- Welche Aufgaben trauen Sie sich nur in Abstimmung mit Kollegen/Vorgesetzten zu?
- Welche Tools nutzen Sie, um sich selbst zu strukturieren?

- Wie motivieren Sie sich?

Fragen zur persönlichen Qualifikation

Personaler wollen in Erfahrung bringen, ob sich Bewerber in bestehende Teamstrukturen einbringen können, wie sie mit Fehlschlägen umgehen und ob ganz grundsätzlich das Persönlichkeitsprofil zu den Stellenanforderungen passt.

- Was sind Ihre Stärken und Schwächen?
- Wie organisieren Sie Ihre Arbeit?
- Wenn ich Ihre Freunde fragen würde, wie würden diese Sie beschreiben?
- Welche Eigenschaften sollte ein idealer Kandidat Ihrer Meinung nach für diese Position unbedingt mitbringen und warum?
- Nennen Sie mir einen beruflichen Fehler, was haben Sie daraus gelernt?
- Wie arbeiten Sie am liebsten?
- Welche eigenen Ideen haben Sie bisher umgesetzt?
- Was ist ihr größter Erfolg, den Sie in Ihrem Privatleben erreicht haben?

- Welche Lebensträume haben Sie für sich und Ihre Familie?

Stressfragen

Mit diesen Fragen soll deine Stressresistenz getestet werden. Dabei handelt es sich um provokante Fragen, die auf „Schwachstellen“ in deinem Werdegang oder deinen Bewerbungsunterlagen abzielen. Richte Antworten dazu zu finden ist nicht leicht. Umso wichtiger ist es, sich intensiv mit seinen eigenen Schwächen gut auseinander zu setzen und damit mit möglichen Lücken im Lebenslauf im Reinen zu sein. Ganz im Sinne von Angriff ist die beste Verteidigung kannst du diese Dinge beispielsweise auch schon bei der Beantwortung vorheriger Fragen einbringen. Typische Stressfragen sind beispielsweise:

- Warum sind Sie arbeitslos?
- Warum haben Sie so lange studiert?
- Wie schätzen Sie Ihre Leistung des Gesprächs ein?
- Warum hat Sie Ihr letzter Arbeitgeber nur befriedigend bewertet?

Wichtig bei der Beantwortung von Stressfragen ist es, souverän und ruhig zu antworten. Zeige dich nicht überrascht, sondern beantworte die Frage ehrlich und zeige, dass du dich bereits damit auseinandergesetzt hast. Versuche die Beantwortung positiv abzuschließen, indem du dem Personaler mitteilst, was du aus der Situation gelernt hast.

Knobelaufgaben und Schätzfragen (BRAINTEASER)

Ein beliebtes Instrument, um Kandidaten etwas aus dem Konzept zu bringen, sind Schätzfragen. Bei der Beantwortung dieser Fragen geht es tatsächlich nicht darum, eine richtige Antwort zu geben, sondern dem Personaler zu zeigen, dass du eine zu lösende Aufgabe strukturiert, logisch und nachvollziehbar bearbeitest. In der Regel werden hier nämlich Fragen gestellt, die kaum beantwortbar sind. Beispiele dafür können sein:

- Wenn ein Tischtennisschläger und ein Tischtennisball gemeinsam 1,10 Euro kosten und der Schläger 1 Euro teurer ist als der Ball – wie teuer ist der Ball?

➔ **Lösung**: Viele Bewerber antworten überschnellt und gehen davon aus, dass der Ball 10 Cent kostet. In dem Fall würde der Schläger aber 1,10 kosten. Daher kann der Ball nur 5 Cent und der Tischtennisschläger 1,05 kosten, damit sich die gemeinsamen Kosten auf 1,10 Euro belaufen.

- Leonard hat zwei Seile, die jeweils zwei Stunden benötigen, um ganz abzubrennen. Die Geschwindigkeit, mit der sie abbrennen, ist jedoch unregelmäßig. Wie kann Leonard mit diesen beiden Seilen genau 1,5 Stunden abmessen?

  ➔ **Lösung**: Er zündet ein Seil an beiden Enden an und das andere Seil nur an einem Ende. Wenn das doppelt brennende Seil erloschen ist, ist eine Stunde vergangen. Als Nächstes zündet Leonard die halb abgebrannte Kerze an beiden Enden an. Wenn sie erlischt, sind nochmal 30 Minuten vergangen.

- Warum sind Kanaldeckel rund?

➔ **Lösung**: Bei dieser Frage gibt es mehrere Lösungen, die richtig sein könnten:

- Sie sind rund, damit man sie rollen kann (rechteckig wäre schwieriger)
- Darunterliegende Schächte werden gebohrt und haben daher einen runden Durchmesser. Deshalb sind auch die Deckel rund
- Wenn die Kanaldeckel viereckig wären, bestünde die Gefahr, dass sie in den Schacht fallen, da die Diagonale des Schachts länger als die Kante des Deckels ist

Aufgrund der Kompaktheit dieses Buchs wollen wir an dieser Stelle nicht weiter ins Detail gehen. Es gibt unzählige Fangfragen und Brainteaser, daher lohnt es sich auch nicht Antworten auswendig zu lernen. Viel wichtiger ist es, einen kreativen und gründlichen Lösungsweg aufzuzeigen. Auch Personaler würden die meisten dieser Rätsel nicht lösen können, daher solltest du einfach versuchen, möglichst plausible Schätzungen abzugeben. Falls du dir noch mehr Brainteaser anschauen möchtest, kannst du einfach „Brainteaser Vorstellungsgespräch" in der Suchmaschine deines Vertrauens einzutippen. Wie auch schon oben erwähnt, gilt: es macht keinen Sinn, den möglichen Ablauf des gesamten Bewerbungsgesprächs vorab auswendig zu lernen. Dein Gesprächspartner wird sehr schnell feststellen können, ob es sich um einstudierte (und möglicherweise ausgedachte) Geschichten oder um ehrliche und spontane Antworten handelt.

Organisatorische Fragen

Natürlich spielen auch organisatorische Dinge für deinen künftigen Arbeitgeber eine wichtige Rolle. Typischerweise ist er natürlich daran interessiert, ab wann du verfügbar bist und welche Gehaltswünsche du hast. Falls du bereits Gehaltsvorstellungen im Bewerbungsanschreiben kommuniziert hast, solltest du auch im Gespräch grundsätzlich erstmal nicht davon abweichen (es sei denn du hast ein lukratives Gegenangebot erhalten).

Eigene Fragen

Zum Abschluss des Gesprächs kannst du dann auch deine Fragen stellen, sofern sie nicht schon vorab beantwortet wurden. Das solltest du auf jeden Fall wahrnehmen, denn durch gezielte Fragen kannst du einerseits Interesse signalisieren und demonstrieren, dass du gut zuhörst, wenn du beispielsweise Detailfragen stellst, die Bezug auf etwas nehmen, das dir der Personaler erzählt hat. Falls die Konditionen noch nicht angesprochen wurden, kannst das natürlich auch fragen. Ich würde dir aber in diesem Fall empfehlen, erst allgemeine Fragen zu stellen. Beispiele dafür können sein:

- Wie groß ist das Team?
- Warum wird die Position frei?
- Wie läuft die Einarbeitung ab?
- Welche Eigenschaften sollte der ideale Kandidat für diese Position mitbringen?
- Welche Projekte stehen demnächst an?
- Welche Herausforderungen hat das Unternehmen aktuell?

Erst nach diesen Interessefragen macht es Sinn, über harte Fakten wie Gehalt und Konditionen zu sprechen.

Exkurs: Kompetenzbasierte Fragen (STAR-Prinzip)

Im angelsächsischen Raum schon länger bekannt, aber langsam auf dem Vormarsch sind sogenannte kompetenzbasierte Interviewstile.

Damit sollen Informationen über technische oder verhaltensbezogene Kompetenzen besser eingeschätzt werden können. Der Gedanke dahinter ist, dass vergangenes Verhalten das zukünftige Verhalten voraussagt. Insgesamt kann ein solches Interviewsystem als systematisch, fair und in vielen Fällen als bewährt beschrieben werden.

Was genau versteht man unter kompetenzbasierten Fragen?

Zugegebenermaßen ist das Vorbereiten kompetenzbasierter Fragen etwas zeitintensiver, da man sich sehr detailliert mit den eigenen Fähigkeiten, Entscheidungen und Verhaltensweisen auseinandersetzen muss. Die meisten Unternehmen, die sich auf diese Art des Interviewprozesses verlassen, teilen das jedoch auch im Vorfeld den Kandidaten mit, damit man sich entsprechend darauf vorbereiten kann. Wenn du dich also für kompetenzbasierte Fragen vorbereiten möchtest, wirst du schnell feststellen, dass du zunächst mehr Klarheit darüber gewinnen musst, welche Fähigkeiten für den speziellen Job überhaupt gefragt sind und ob und in welcher Form du den Aufgaben gewachsen bist.

Der Ablauf sieht typischerweise vor, dass du als Kandidat gebeten wirst, frühere berufliche Erfahrungen mit den geforderten Fähigkeiten oder Kompetenzen der gewünschten Position in Verbindung zu bringen. Nicht nur der Satz klingt schwierig, auch die Aufgabenstellung selber kann sich ohne Vorbereitung als schwer lösbar präsentieren. Das ist aber kein Problem, denn mit diesem Ratgeber lernst du, wie du mit solchen Fragen umgehen solltest.

Es geht also im Grunde darum, mit den Erfahrungen der Vergangenheit die richtige Eignung für die Zukunft darzustellen. Wenn du von einer bestimmten Erfahrung erzählst, wird dich dein Gesprächspartner nach einer spezifischen Aufgabe oder Maßnahme fragen, die du ergriffen hast und darüber hinaus wird er oder sie wissen wollen, welche Ergebnisse sich daraus ergeben haben.

Diese Art der Frageform wird auch **STAR** genannt:

ST = SITUATION/TASK (Aufgabe)

Welche konkrete Situation gab es und was war die Aufgabenstellung?

Rückfragen dazu könnten lauten:

- Was war die ursprüngliche Aufgabe?
- Welches Ziel hatten Sie?
- Warum ist das wichtig?
- Welche potenziellen Risiken und Konsequenzen gab es, falls Sie nichts unternommen hätten?
- Welche anderen Beispiele können Sie mir nennen?

A = ACTION (Maßnahme)

Welche Maßnahmen wurden ergriffen?

Rückfragen dazu könnten lauten:

- Welche Rolle haben Sie bei der Umsetzung eingenommen?
- Was haben Sie zum Projekterfolg beigetragen?
- Was genau haben Sie gemacht und was haben die restlichen Team-Mitglieder unternommen?
- Was waren die größten Hindernisse, um das Projekt abzuschließen und wie sind Sie damit umgegangen?

R = RESULT (Ergebnis)

Welche Ergebnisse wurden erreicht? Wie wurde der Erfolg für dieses Projekt definiert?

Rückfragen dazu könnten lauten:

- Wie schwierig war es, das Ziel genauso zu erreichen?
- Was würden Sie anders machen, wenn Sie die Aufgabe nochmal von vorn beginnen müssten?
- Inwiefern handelt es sich dabei um ein Ziel, das Sie sich bereits zum Projektstart gesetzt haben?

Mit der STAR-Methode können Personaler recht gut analysieren, ob der Kandidat in dem spezifischen Beispiel eine Schlüsselrolle eingenommen hat oder bspw. nur allgemein von einem Projekt erzählt, in dem er oder sie nicht wirklich involviert war. Man spricht hier auch von der "Peel the Onion"-Methode, weil es durch geschickte Fragen möglich ist, tiefer in die Thematik einzusteigen, um letztlich auch den Wahrheitsgehalt zu validieren.

Vorbereitung auf kompetenzbasierte Fragen

Auch wenn kompetenzbasierte Fragen zunächst unfair wirken, stellen Kandidaten in der Regel nach etwas Einarbeitung fest, dass es dabei durchaus ein faires, transparentes und valides Mittel ist, um Fähigkeiten und Kompetenzen besser abzufragen. Mein Tipp für dich ist daher, dich intensiv mit der Stellenbeschreibung auseinanderzusetzen und möglichst viel in Suchmaschinen über die Wunschposition herauszufinden. Wenn du weißt, worauf es bei der Position ankommt, kannst du auch logische Schlussfolgerungen für notwendige Kompetenzen oder Fähigkeiten nennen. Die Fragen beschränken sich nicht nur auf Soft Skills, sondern es können natürlich kann auch technische oder Fachexpertise damit abgefragt werden.

Zur Vorbereitung solltest du dir also überlegen, welche Fähigkeiten/Kenntnisse du in der Vergangenheit unter Beweis gestellt hast und in welchen kleineren oder größeren Projekten du mitgewirkt hast. Berufserfahrenere haben hier vielleicht einen Vorteil, gleichzeitig wird aber mehr erwartet als bei einem Berufsanfänger. Aber auch Studenten oder Auszubildende können gute Beispiele in ihrem privaten oder schulischen Umfeld finden.

Tipps:

- Im besten Fall solltest du dich auf Beispiele fokussieren, die nicht älter sind als 2-3 Jahre
- Konzentriere dich dabei auf den Teil, den du beigetragen hast. Dein Gesprächspartner will schließlich dich besser kennen lernen
- Bleibe bei der Wahrheit und verkaufe Teamsiege nicht als deinen alleinigen Sieg
- Sei möglichst spezifisch und vermeide vage Aussagen, die möglicherweise gut klingen, aber keine spezifischen Informationen enthalten
- Vermeide auch theoretische Aussagen wie "Ich würde ...", "Ich bin immer..." und fokussiere dich auf das, was du tatsächlich beigetragen hast
- Höre dir die Frage genau an und denke darüber nach, bevor du antwortest. Habe keine Angst vor einer kurzen Bedenkzeit
- Frage nach, falls du den Kontext der Frage nicht ganz verstanden haben solltest. Du willst schließlich sicher gehen, dass du die Frage konkret beantwortest und nicht versehentlich auf etwas anderes eingehst

- Wie auch bereits weiter oben beschrieben: sprich deutlich, verständlich und in kurzen Sätzen

Insgesamt solltest du pro Frage möglichst frei sprechen. Ich empfehle daher ca. 5 Minuten pro Frage einzuplanen. Wenn du bei der Beantwortung das STAR-Prinzip berücksichtigst, kannst du mögliche Rückfragen besser steuern oder direkt beantworten.

6 Dinge, die du unbedingt beachten musst

Wie ich auch schon im vorherigen Kapitel erwähnt habe, ist die Vorbereitung auf ein Vorstellungsgespräch sehr wichtig. Im besten Fall aber musst du dich nicht auf jedes Vorstellungsgespräch intensiv vorbereiten, sondern einmal die richtige Herangehensweise lernen, um bestens vorbereitet zu sein. Aus Personaler Sicht habe ich hunderte von Vorstellungsgesprächen geführt und die wichtigsten Erkenntnisse möchte ich dir im Folgenden mitgeben:

#1 Bereite dich vor

Es ist sehr vorteilhaft, wenn du Vorstellungsgespräche mit einer gewissen Lockerheit und Souveränität führen kannst. Damit dir nicht die Schweißperlen auf der Stirn stehen, wenn doch eine überraschende oder kritische Frage kommt, musst du dich vorab mit deinem Lebenslauf und dem Unternehmen auseinandersetzen.

Zunächst solltest du dich auf die Selbstpräsentation fokussieren. Egal, ob du eine echte kleine Präsentation halten sollst oder einfach nur im Gesprächsverlauf mehr über deine Person erzählen sollst, dazu wirst du in jedem Fall aufgefordert. Bereits eine 2-3-minütige Präsentation vor, in der du alle wichtigen Stationen und Projekte/Errungenschaften nennst. Im besten Fall stellst du eine Verbindung zu der gewünschten Position dar, sodass die Bewerbung letztlich der logische Schritt für dich war. Mit welchen Fragen du dich auseinandersetzen solltest, erfährst du im vorherigen Kapitel.

Darüber hinaus ist es wichtig, auch ein paar Informationen über das Unternehmen parat zu haben. Hier gilt es nicht, die gesamte Entstehungsgeschichte auf Wikipedia auswendig zu lernen, sondern wichtige Kennzahlen zu kennen, die du auch gern als Notiz mitbringen kannst:

- Was genau macht das Unternehmen/ die Abteilung?
- In welcher/n Branche/n ist das Unternehmen tätig? Wer sind Mitbewerber?
- Was sagt das Unternehmen über sich selber als Arbeitgeber?
- Wie viel Umsatz wurde in den letzten beiden Jahren erzielt?
- Wie viele Mitarbeiter hat das Unternehmen/ der Standort?

Das ist in der Regel innerhalb weniger Minuten herauszufinden. Wenn du dir diese Informationen merken kannst und es schaffst, sie gezielt und passend in das Gespräch einzubringen, hinterlässt das einen sehr interessierten und gut vorbereiteten Eindruck. Die Betonung liegt hier ganz klar auf gezielt und subtil!

Übe den Ablauf des Vorstellungsgesprächs: Das mag im ersten Augenblick befremdlich klingen, aber das Üben verschiedener Situationen des Vorstellungsgesprächs sorgt dafür, dass du dich mit Fragen intensiver auseinandersetzt und dadurch vielleicht feststellst, dass die erste Antwort gar nicht die Beste ist. Kennst du das Gefühl, wenn man nach einem hitzigen Gespräch im Nachhinein denkt, dass man "dies oder jenes" hätte anders sagen sollen? Oft fallen einem die besten Argumente erst später ein und genauso ist es auch im Vorstellungsgespräch. Wenn du dich vorher schon mit kritischen oder überraschend wirkenden Fragen beschäftigst und diese laut vor einer anderen Person oder dem Spiegel beantwortest, wirst du schnell feststellen, dass es sehr hilfreich ist. Zum Üben eignen sich insbesondere auch die Fragen aus dem vorherigen Kapitel.

Das Üben von Rollenspielen ist wichtig. Meine Coaching Teilnehmer melden mir oft zurück, wie wertvoll das vorherige Üben mit einem Experten ist. Wenn du Interesse daran haben solltest, die Situation als Rollenspiel professionell zu üben, kannst du mich gern unter info@bewerbungscoach.org kontaktieren.

#2 Sei positiv und humorvoll!

Personaler wissen, dass Vorstellungsgespräche in der Regel viel von Bewerbern abverlangen. Wenn Bewerber es trotzdem schaffen, ruhig und humorvoll zu bleiben, ist das ein Zeichen für einige positive Eigenschaften wie:

Belastbarkeit, Resilienz und Intelligenz. Das ist nicht nur für den Ersteindruck wichtig, sondern auch im weiteren Gesprächsverlauf zeigst du dadurch, dass du eine starke Persönlichkeit hast. Mit einer positiven Grundstimmung und einem Lächeln (jeder Mensch hat ein Gewinnerlächeln, das man wunderbar im Spiegel üben kann) macht es auch deinem Gegenüber mehr Spaß, mit dir zu sprechen. Und mit wem man gern spricht, arbeitet man grundsätzlich auch gern zusammen.

#3 Sprich deutlich

Der Tipp deutlich zu sprechen, klingt erstmal überflüssig, aber tatsächlich sollte man sich bewusst machen, wie wichtig eine deutliche Aussprache ist. Wenn Kandidaten beispielsweise zu schnell sprechen und Wörter verschlucken oder aber zu häufig "Ääh's" verwenden, kann die Überzeugungskraft deutlich leiden. Die Angst unterbrochen zu werden und wichtige Punkte dann nicht mehr erwähnen zu können, wiegt schwer - daher versuchen viele Kandidaten alle relevanten möglichst ohne Pause aneinander zu reihen. Wenn du Wörter allerdings bewusst deutlich und langsam aussprichst, wirkt das deutlich kompetenter. Zur Veranschaulichung kannst du dir Reden von geschickten Rednern wie Barack Obama auf YouTube anschauen. Setze deine Worte mit Bedacht ein und achte auf die richtige Tonalität. Das Einbinden von logischen Pausen ist auch ein Indiz für Selbstbewusstsein.

#4 Sprich mit deinem Körper

Die Kraft der Körpersprache wird oft unterschätzt, dabei erfolgt ein Großteil unserer Kommunikation nicht mit Worten, sondern mit Signalen wie Mimik, Gestik, Körperhaltung und Sprechweise. Ein geschulter Beobachter kann schnell zwischen feststellen, ob ein Kandidat verkrampft, nervös oder angespannt ist oder auch abwehrende Haltung einnimmt, wenn beispielsweise die Arme vor der Brust verschränkt werden. Achte darauf, dass du eine entspannte aber aufrechte Körperhaltung hast und dich mit deinem Körper zu deinem Gesprächspartner drehst. Deine Hände kannst du leicht gefaltet auf den Tisch legen (auch das Verstecken von Händen geht weit zurück und kann im Zweifel eher Bedrohung als Entspannung bedeuten). Eine in der Psychologie und insbesondere in der Verführungskunst oft angewendete Methode ist das sogenannte "Spiegeln", bei dem du deinen Gegenüber subtil nachahmst. Man spricht hier auch von "Rapport", was aus dem Französischen kommt und eine vertrauensvolle, von wechselseitiger empathischer Aufmerksamkeit getragene Beziehung nennt. Beispiele für gutes Spiegeln:

- Lächeln, wenn dein Gegenüber lächelt
- Die Sitzposition entsprechend der Sitzposition deines Gegenübers anpassen

Verkrampftheit, Nervosität und Anspannung wie auch positive Eigenschaften wie Souveränität, Freundlichkeit und Ruhe können durch geschulte Beobachter schnell abgelesen werden. Achte auf jeden Fall darauf, das Spiegeln nicht zu übertreiben. Du musst nicht jede Bewegung nachmachen, sondern eher das Konzept verinnerlichen und es subtil einsetzen.

#5 Notizen machen

Notizen machen bietet mehrere Vorteile. Einerseits zeigst du deinem Gesprächspartner, dass dich die Stelle wirklich interessiert und außerdem beweist du eine strukturierte Arbeitsweise. Andererseits kann es auch dir helfen, dir für den weiteren Gesprächsverlauf relevante

Informationen zu merken. Auch nach dem Bewerbungsgespräch können die gemachten Notizen hilfreich sein, wenn sich das Unternehmen beispielsweise erst nach einigen Wochen wieder bei dir meldet (was leider nicht auszuschließen ist) und du nochmal reflektieren möchtest, wie das Gespräch gelaufen ist und welche Konditionen besprochen wurden.

#6 Eigene Fragen stellen

Auch wenn ich es in diesem Buch schon oft genug erwähnt habe, möchte ich auch an dieser Stelle nochmal auf die Wichtigkeit von eigenen Fragen hinweisen. Fragen stellen bedeutet Interesse signalisieren. Das gilt insbesondere dann, wenn deine Fragen relevant und dem Personaler zeigen, dass du dich mit der Position und dem Unternehmen näher auseinandergesetzt hast. Im besten Fall machst du während des Interviews Notizen, aus denen du dann in deiner Fragephase eigene, tiefergehende Fragen entwickelst. Erst nachdem du diese Interessenfragen gestellt hast, solltest du nach dem Gehalt und den übrigen Konditionen fragen.

Die richtige Kleidung

Auch wenn an dem Spruch "Kleider machen Leute" etwas dran ist, wird nur die Kleidung allein nie darüber entscheiden, ob du eine Stelle bekommst. Die Kleidung spielt grundsätzlich eher eine untergeordnete Rolle. Allerdings wirkt sich auch dein Erscheinungsbild auf den so wichtigen Ersteindruck aus. Was genau du anziehen solltest, ist dabei immer vom Unternehmen und der Branche abhängig zu machen. Seit den 2010er Jahren ist zu erkennen, dass viele Unternehmen "moderner" werden, in dem sie sich von alten Strukturen lösen und eine neue Generation ansprechen wollen. Unternehmen wie Daimler oder Otto bieten allen Mitarbeitern jeder Hierarchie-Ebene das "Du" an und Vorstandsvorsitzende zeigen sich plötzlich leger im Hemd ohne Sakko und Krawatte. Die alten Regeln besitzen daher keine universelle Gültigkeit mehr. Trotzdem gibt es einige allgemeine Tipps, die ich dir gern mit auf den Weg geben möchte.

- Schaue dir, sofern vorhanden, das Unternehmensprofil genau an. Vielleicht gibt es YouTube Videos, in denen sich Mitarbeiter vorstellen oder Berichte über das Unternehmen auf Bewertungsportalen im

Internet. Insbesondere bei großen Konzernen wirst du relativ schnell feststellen können, welcher Kleidungsstil empfohlen wird

- Je weniger förmlich der Berufszweig ist, desto weniger förmlich musst du dich auch kleiden. In einer Bank machst du sicher nichts verkehrt, wenn du einen Anzug mit Krawatte trägst. Bei internationalen Konzernen wie bspw. in der Telekommunikationsbranche machst du sicher nichts verkehrt, wenn du einen Anzug trägst, aber eine Krawatte ist nicht notwendig. Bei kreativen oder handwerklichen Tätigkeiten kann ein Anzug sogar eher schädlich sein
- Wichtig ist, dass du dich wohlfühlst. Wenn du einen Anzug oder ein Kleid bislang nur zu höchst formellen Anlässen wie Hochzeiten getragen hast und dich einfach in dieser Art von Kleidung nicht wohlfühlst, macht es auch keinen Sinn, dich in ein Kostüm zu zwingen. In der Regel wirst und solltest du dich ohnehin nur für Berufe bewerben, die zu dir passen. In der Regel machst du aber mit einem Hemd oder einer Bluse nichts verkehrt
- Achte auf jeden Fall darauf, dass deine Kleidung gepflegt wirkt, also im besten Fall

frisch gewaschen und gebügelt ist, denn du möchtest natürlich unbedingt vermeiden, dass du einen ungepflegten Eindruck hinterlässt

Zur Bedeutung der Kleidung im Vorstellungsgespräch gibt es einen tollen Film aus den 2000er Jahren namens "Streben nach Glück", in dem der Hauptdarsteller Will Smith ohne Hemd und völlig mit Farbe beschmiert zu einem Interview erscheint. Auf die Frage des Geschäftsführers hin, was er sagen würde, wenn ein Mann ohne Hemd im Vorstellungsgespräch erscheint und trotzdem eingestellt werden würde, antwortet er in dieser Szene mit "Dann muss er eine super Hose angehabt haben". Letztlich bekommt er den Job, vielleicht nicht zuletzt aufgrund der witzigen und schlagfertigen Antwort. Auch wenn es sich dabei um eine Filmszene handelt, verdeutlicht es doch sehr schön, dass insbesondere Social Skills darüber entscheiden, ob man sein Gegenüber überzeugen kann.

Der Tag vor dem Vorstellungsgespräch

Den Tag vor dem Bewerbungsgespräch solltest du nutzen, um dich nochmal intensiv mit dem Unternehmen, der Stellenbeschreibung und deinem Lebenslauf beschäftigen. Idealerweise hast du die Punkte der vorherigen Kapitel schon etwas früher abgearbeitet. Je mehr Vorbereitungszeit du hast, umso besser - aber du kannst dir auch grundlegende Dinge innerhalb eines Tages aneignen.

Versuch dich in den Personaler hineinzuversetzen und überlege dir, welche Fragen du stellen würdest, wenn du jemanden für diese Position in diesem Unternehmen suchen würdest. Welche möglichen Erklärungsbedarf siehst du in deinem Lebenslauf?

- Idealerweise lässt du diese Fragen von einem Freund/einer Freundin oder einem Familienangehörigen stellen. Denn wie wir schon gelernt haben, sorgt das laute Aussprechen dafür, dass wir uns intensiver mit einer Aussage auseinandersetzen und dadurch besser beurteilen können, ob es sinnvoll und authentisch klingt.

- Bereite deine Selbstpräsentation vor, wie genau wirst du für dich werben?
- Überlege dir, welche Tasche du mitnimmst. Lege bereits jetzt eine kleine Mappe oder einen Textblock sowie zwei Kugelschreiber hinein
- Druck die Unternehmensphilosophie, die Stellenbeschreibung und deine Bewerbungsunterlagen aus und packe sie zu der Mappe hinzu
- Notiere deine Fragen, die du unbedingt beantwortet haben möchtest (denk daran, zunächst mit Interessenfragen zu starten)
- Schau dir den Weg in einem Online-Routenplaner an und plane lieber etwas mehr Zeit ein. Falls du mit dem Auto fahren solltest und das Vorstellungsgespräch in einer Fußgängerzone einer fremden Stadt stattfinden sollte, musst du dir beispielsweise überlegen, wo du parken kannst
- Notiere dir Kontaktdaten deines Gesprächspartners, damit du dich melden kannst, sofern etwas dazwischenkommen sollte

- Pack dir eine Flasche Wasser für unterwegs ein
- Bereite deine Kleidung vor

Nach dem Gespräch

Wenn das Gespräch beendet ist und du wieder zuhause bist, ist es empfehlenswert, die Notizen nochmal hervorzuholen und zu reflektieren, wie das Gespräch insgesamt gelaufen ist. Denn nach dem Gespräch ist vor dem Gespräch. Dabei spielt es zunächst keine Rolle, ob du den Job bekommen wirst, sondern weil eine systematische Nachbereitung helfen kann, bei einem künftigen Bewerbungsgespräch Vorstellungsgespräch zu wissen, worauf du achten solltest. Diese Fragen können dir helfen, um das Gespräch besser zu analysieren:

- Ist das Gespräch so abgelaufen, wie du es dir vorgestellt hast?
- Was hast du gut gemacht?
- Was ist zu kurz gekommen?
- Wie schätzt du deine Selbstpräsentation ein? Was ist gut gelaufen und was weniger gut? Lagst du in der Zeit?
- Konntest du Sätze, die du dir gedanklich zusammengelegt hast, überhaupt so abrufen?
- Was hättest du im Nachhinein noch gern anders formuliert?

- Was denkst du, welchen Eindruck du auf deine Gesprächspartner gemacht hast?
- Was würdest du anders machen, wenn das Gespräch morgen wäre?
- Worauf solltest du beim nächsten Mal unbedingt achten?

Das Dankschreiben: Tipps und E-Mail Vorlage

Wenn du für dich festgestellt hast, was gut war und was nicht, bist du nicht nur gut für etwaige Nachfragen oder künftige Vorstellungsgespräche gewappnet, du kannst insbesondere auch Dinge, die deiner Meinung nach nicht gut gelaufen sind, in einer kurzen E-Mail auch in ein positiveres Licht rücken.

Insbesondere dann, wenn sich deine Gesprächspartner unsicher sind, kann ein geschicktes Schreiben das sprichwörtliche Zünglein an der Waage sein, da du eine ganze Reihe wichtiger Social Skills damit zeigst. Die vermeintlichen Schwächen im Vorstellungsgespräch kannst du nutzen, um deine Stärken zu zeigen. Zusätzlich beweist ein solches Schreiben dein aufrichtiges Interesse an der Stelle.

Denn du würdest ja keine Zeit darauf vergeuden, wenn es dir nicht wirklich wichtig wäre, oder?

Die E-Mail solltest du im besten Fall 1-2 Tage nach dem Gespräch absenden, um einerseits besser über das Gesagte zu reflektieren und andererseits auch dem Unternehmen die

Gelegenheit geben, sich Gedanken zu machen.

In einer kurzen E-Mail kannst du dich einerseits für das freundliche und informative Gespräch bedanken. Ein Dankschreiben könnte beispielsweise folgendermaßen aussehen:

Sehr geehrte Frau X, sehr geehrter Herr Y,

ich möchte mich nochmals herzlich für das mir entgegengebrachte Vertrauen und die Einladung zu dem wirklich interessanten Kennenlerntag bedanken. Ich habe Sie als sehr angenehme Gesprächspartnerin sowie Otto Bock als hoch innovatives und interessantes Unternehmen wahrgenommen. Das Gespräch hat mich in dem Wunsch bekräftigt, für Ihr Unternehmen zu arbeiten.

Die vakante Position reizt mich sehr und daher hoffe ich, dass auch Sie unser Gespräch mit einem guten Gefühl beendet haben. Falls Fragen unbeantwortet geblieben sein sollten, stehe ich Ihnen für Rückfragen jederzeit gern zur Verfügung.

Ich freue mich schon sehr auf Ihre und wünsche Ihnen vorab ein angenehmes Wochenende.

Mit freundlichen Grüßen

Falls du das Gefühl haben solltest, dass das Gespräch nicht so gut gelaufen ist, kannst du dich auch an einer Mail wie dieser orientieren:

Sehr geehrte Frau X, sehr geehrter Herr Y,

hiermit möchte ich mich herzlich für die Einladung zum Vorstellungsgespräch und die Möglichkeit, mich bei Ihnen persönlich vorzustellen, bedanken. Das Gespräch mit Ihnen habe ich als sehr angenehm wahrgenommen und [Unternehmensname] als hoch innovatives und interessantes Unternehmen kennengelernt.

Ich möchte die Chance gern nutzen und Ihnen mitteilen, dass ich unmittelbar nach unserem Gespräch festgestellt habe, dass ich eine Ihrer Fragen nicht zu meiner Zufriedenheit beantwortet habe, weshalb Sie möglicherweise einen falschen Eindruck erhalten haben.

Als Sie mich gefragt haben, ob [...], habe ich [...] geantwortet...

Mir ist allerdings wichtig ... / Möglicherweise habe ich mich falsch ausgedrückt... / Damit ausdrücken wollte ich allerdings ... (hier auf die Situation eingehen, den offensichtlichen Fehler klar benennen und positiv abschließen)

– Variante 1 –

Ich bin absolut zuversichtlich, dass ich meine Fach- und Sozialkompetenzen gewinnbringend einsetzen kann und die Rolle des [Beruf] optimal ausfüllen werde. Die von Ihnen geschilderten Herausforderungen, die Sie am Standort [Ort] zu bewältigen haben, klingen sehr spannend und abwechslungsreich.

– Variante 2 –

Gern möchte ich Sie davon überzeugen, dass ich die engagierte, belastbare und motivierte Person bin, die Sie am Telefon kennengelernt haben. Ich bin mir sicher, dass ich meine Fähigkeiten und Kenntnisse optimal einbringen kann, um Ihrem Unternehmen einen echten Mehrwert zu generieren.

In der Hoffnung, dass auch Sie einen solch

positiven Eindruck von mir gewinnen konnten, wie ich von Ihnen, freue ich mich schon sehr auf Ihre Entscheidung. Für Rückfragen stehe ich Ihnen natürlich jederzeit gern zur Verfügung.

Mit freundlichen Grüßen

Vorname Name

Mit Absagen umgehen

Auch das beste Bewerbungsschreiben ist kein Garant dafür, zum Vorstellungsgespräch eingeladen zu werden oder die gewünschte Stelle zu bekommen. Lass den Kopf nicht hängen, wenn es nicht klappt.

Das ist nicht schlimm und gehört zum Leben dazu. Wichtig ist nur, mögliche Rückschlüsse zu ziehen. Warum du den Job nicht bekommen hast, wird dir das Unternehmen in der Regel nicht mitteilen. Daher solltest du in die Eigenanalyse gehen. Diese Fragen können dir dabei helfen:

- Was ist deiner Meinung nach schiefgelaufen?
- War die Bewerbung nicht optimal geschrieben?
- Wie hast du dich im Vorstellungsgespräch geschlagen?

Falls es nicht klappt, biete ich dir als **Dankeschön** dafür, dass du dieses Buch gekauft hast, gern ein **kostenloses Beratungsgespräch** mit mir an. Gemeinsam überlegen wir dann, was du verbessern kannst.

Wenn du sicher gehen willst, dass nichts schief gehen soll...

Ich kenne das Gefühl nur zu gut. Man findet plötzlich diesen einen Traumjob, der einem genau das verspricht, was man schon lange sucht: gute Konditionen, flexible Arbeitszeiten und eine tolle Arbeitsatmosphäre in einem erfolgreichen Unternehmen, das zudem auch örtlich super angebunden ist. Unternehmen wie diese gibt es zwar überall in Deutschland verteilt, aber nicht unbedingt in dem eigenen Dunstkreis.

Umso wichtiger ist es natürlich, eine wirklich perfekte Bewerbung abzuliefern, um zum Vorstellungsgespräch eingeladen zu werden. Als Personalleiter, der bereits für einige große und erfolgreiche Unternehmen gearbeitet hat, sehe ich täglich etliche Bewerbungen – gute wie auch weniger gute. Wenn du deine Chancen maximieren möchtest, kann ich dir anbieten, dich auf der Suche nach deinem Traumjob zu unterstützen.

Kostenloses Strategiegespräch

Meine Mission ist es, Menschen dabei zu helfen, ihren Traumjob zu finden, um insgesamt ein glücklicheres Leben zu führen. Viele meiner Seminar-Teilnehmer oder Leser meines Buchs kommen auf mich zu und wünschen sich neben dem Seminar oder meinem Buch ein persönliches Coaching, in dem ich ihnen 1:1 die besten Strategien mit auf den Weg geben kann und sie von A bis Z im Bewerbungsprozess begleite. Wenn du deine Chance nutzen möchtest, keine Absagen (mehr) kassieren- und endlich deinen Traumjob mit deinem Traumgehalt finden willst, habe ich ein Angebot für dich. Ich halte mir aktuell ein paar Stunden in der Woche frei, um mit dir persönlich darüber zu sprechen, wie ich dich optimal unterstützen kann, damit wir deine Bewerbungsphase rapide abkürzen und deine Karriere auf das nächste Level katapultieren... Während dieses Strategiegespräches werden wir gemeinsam daran arbeiten, einen Schritt-für-Schritt-Plan für dich zu entwickeln, mit dem du es schaffen wirst, dich immer besser als deine Konkurrenz zu verkaufen, egal ob du Berufseinsteiger, Berufserfahrener oder Quereinsteiger bist.

Das darfst du erwarten:

- ✓ Wir analysieren deine Bewerbungsunterlagen und bereiten dich auf dein Vorstellungsgespräch/Assessment Center vor.

- ✓ Ich gebe dir Ratschläge und Verbesserungsvorschläge an die Hand, die du direkt umsetzen kannst, um mit deiner Bewerbung immer aus der Masse hervorzustechen.
- ✓ Wir erarbeiten eine konkrete und individuelle Bewerbungsstrategie für dich, die dir glasklar aufzeigt, wie du innerhalb der nächsten 6 Wochen deinen Traumjob bekommst und du dein Wunschgehalt durchsetzen kannst.
- ✓ Du bekommst von mir einen konkreten Schritt-für-Schritt-Plan für dein nächstes Vorstellungsgespräch an die Hand, der dir zeigt wie du dich optimal vorbereitest, welche häufigen (Fang)Fragen dich seitens des Personalers mit Sicherheit erwarteten werden und mit welchen Antworten du garantiert Eindruck schindest.

Egal, wie du dich entscheidest: ich danke dir herzlich, dass du mein Buch gelesen hast. Wenn du bis hier vorgedrungen bist, weiß ich, dass du jemand bist, der sein Glück selber in die Hand nimmt. Daher möchte ich dir von Herzen alles Gute für deine Bewerbung wünschen!

Beste Grüße

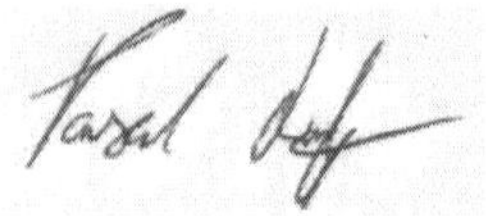

Über den Autor

Pascal Ludwig, studierter Wirtschaftsjurist (LL.M.) mit Auslandsaufenthalten in Schweden und den USA ist Vollblut-Personaler. Bereits während des Studiums hat er bei großen deutschen sowie internationalen Konzernen in Personalabteilungen gearbeitet und bereits kurz nach dem Studium die erste Führungsverantwortlichkeit als Personalentscheider übernommen. Als Bewerbungscoach für Fach- und Führungskräfte ist er Bestseller-Autor weiß er ganz genau, wovon er spricht.

Sein Wissen aus etlichen Vorstellungsgesprächen, Assessment Centern und Rollenspielen gibt er regelmäßig in Seminaren weiter.

Weitere Informationen unter:

www.bewerbungscoach.org

Haftung für Links

Unser Angebot enthält Links zu externen Webseiten Dritter, auf deren Inhalte wir keinen Einfluss haben. Deshalb können wir für diese fremden Inhalte auch keine Gewähr übernehmen. Für die Inhalte der verlinkten Seiten ist stets der jeweilige Anbieter oder Betreiber der Seiten verantwortlich. Die verlinkten Seiten wurden zum Zeitpunkt der Verlinkung auf mögliche Rechtsverstöße überprüft. Rechtswidrige Inhalte waren zum Zeitpunkt der Verlinkung nicht erkennbar. Eine permanente inhaltliche Kontrolle der verlinkten Seiten ist jedoch ohne konkrete Anhaltspunkte einer Rechtsverletzung nicht zumutbar. Bei Bekanntwerden von Rechtsverletzungen werden wir derartige Links umgehend entfernen.

Sollten Inhalte des Buches gegen geltendes Recht verstoßen, dann bittet der Autor um umgehende Benachrichtigung. Die betreffenden Inhalte werden dann entfernt oder geändert.

Quell-Verweis: https://www.e-recht24.de/

Cover-Foto:

iStock.com/ DelmaineDonsonPhotography

44797790R00060

Printed in Poland
by Amazon Fulfillment
Poland Sp. z o.o., Wrocław